LES COMPAGNONS
DE JEHU

PAR

ALEXANDRE DUMAS

4

PARIS
ALEXANDRE CADOT, ÉDITEUR
37, rue Serpente.
—
1857

LES COMPAGNONS DE JEHU

QUATRIÈME PARTIE

I

Une communication importante.

Quelque temps après cette révolution militaire, qui avait eu un immense retentissement dans toute l'Europe, dont elle devait un instant bouleverser la face comme une tempête bouleverse la face de l'Océan;

quelque temps après, disons-nous, dans la matinée du 30 nivôse, autrement et plus clairement dit pour nos lecteurs, du 20 janvier 1800, Roland, en décachetant la volumineuse correspondance que lui valait sa charge nouvelle, trouva, au milieu de cinquante autres demandes d'audience, une lettre ainsi conçue :

« Monsieur le gouverneur,

» Je connais votre loyauté, et vous allez voir si j'en fais cas.

» J'ai besoin de causer avec vous pendant cinq minutes, je resterai masqué.

» J'ai une demande à vous faire.

» Cette demande, vous me l'accorderez ou me la refuserez ; dans l'un et l'autre cas, n'essayant de pénétrer dans le palais du Luxembourg que pour l'intérêt de la cause du premier consul Bonaparte et de la cause royaliste, à laquelle j'appartiens, je vous demande votre parole d'honneur de me laisser sortir librement comme vous m'aurez laissé entrer.

» Si demain, à sept heures du soir, je vois une lumière isolée à la fenêtre située au-dessous de l'horloge, c'est que le colonel Roland de Montrevel m'aura engagé sa parole d'honneur, et je me présenterai hardiment à la petite porte de l'aile gauche du palais, donnant sur le jardin.

» Je frapperai trois coups espacés à la manière des francs-maçons.

» Afin que vous sachiez d'avance à qui vous engagez ou refusez votre parole, je signe d'un nom qui vous est connu, ce nom ayant déjà, dans une circonstance que vous n'avez probablement pas oubliée, été prononcé devant vous.

» Morgan,

» *Chef des compagnons de Jehu.* »

Roland relut deux fois la lettre, resta un instant pensif; puis tout à coup, il se leva et, passant dans le cabinet du premier consul, il lui tendit silencieusement la lettre.

Celui-ci la lut sans que son visage trahît

la moindre émotion ni même le moindre étonnement, et, avec un laconisme tout lacédémonien :

— Il faut mettre la lumière, dit-il.

Et il rendit la lettre à Roland.

Le lendemain, à sept heures du soir, la lumière brillait à la fenêtre, et, à sept heures cinq minutes, Roland, en personne, attendait à la petite porte du jardin.

Il y était à peine depuis quelques instants, que trois coups furent frappés à la porte, à la manière des francs-maçons, c'est-à-dire deux et un.

La porte s'ouvrit aussitôt; un homme

enveloppé d'un manteau se dessina en vigueur sur l'atmosphère grisâtre de cette nuit d'hiver ; quant à Roland, il était absolument caché dans l'ombre.

Ne voyant personne, l'homme au manteau demeura une seconde immobile.

— Entrez, dit Roland.

— Ah ! c'est vous, colonel !

— Comment savez-vous que c'est moi? demanda Roland.

— Je reconnais votre voix.

— Ma voix ! mais, pendant les quelques secondes où nous nous sommes trouvés dans la même chambre à Avignon, je n'ai point prononcé une seule parole.

— En ce cas, j'aurai entendu votre voix ailleurs.

Roland chercha où le chef des compagnons de Jehu avait pu entendre sa voix.

Mais celui-ci, dit gaîment :

— Est-ce une raison, colonel, parce que je connais votre voix, pour que nous restions à cette porte?

— Non pas, dit Roland ; prenez-moi par le pan de mon habit et suivez-moi ; j'ai défendu à dessein que l'on éclairât l'escalier et le corridor qui conduisent à ma chambre.

—Je vous sais gré de l'intention ; mais, avec vôtre parole, je traverserais le palais d'un bout à l'autre, fût-il éclairé *a giorno*, comme disent les Italiens.

— Vous l'avez, ma parole, répondit Roland ; ainsi, montez hardiment.

Morgan n'avait pas besoin d'être encouragé : il suivit hardiment son guide.

Au haut de l'escalier, celui-ci prit un corridor aussi sombre que l'escalier lui-même, fit une vingtaine de pas, ouvrit une porte et se trouva dans sa chambre.

Morgan l'y suivit.

La chambre était éclairée, mais par deux bougies seulement.

Une fois entré, Morgan rejeta son manteau et déposa ses pistolets sur une table.

— Que faites-vous? demanda Roland.

— Ma foi, avec votre permission, dit gaîment son interlocuteur, je me mets à mon aise.

— Mais ces pistolets dont vous vous dépouillez?...

— Ah çà! croyez-vous que ce soit pour vous que je les ai pris?

— Pour qui donc?

— Mais pour dame Police; vous entendez bien que je ne suis pas disposé à me laisser prendre par le citoyen Fouché, sans brûler quelque peu la moustache au premier de ses sbires qui mettra la main sur moi !

— Alors, une fois ici, vous avez la conviction de n'avoir plus rien à craindre?

— Parbleu! dit le jeune homme, puisque j'ai votre parole.

— Alors, pourquoi n'ôtez-vous pas aussi votre masque?

— Parce que ma figure n'est que moitié à moi; l'autre moitié est à mes compagnons. Qui sait si un seul de nous, reconnu, n'entraîne pas les autres à la guillotine? car vous pensez bien, colonel, que je ne me dissimule pas que c'est là le jeu que nous jouons.

— Alors pourquoi le jouez-vous ?

— Ah ! que voilà une bonne question ! pourquoi allez-vous sur le champ de bataille, où une balle peut vous trouer la poitrine ou un boulet vous emporter la tête.

— C'est bien différent, permettez-moi de vous le dire : sur un champ de bataille, je risque une mort honorable.

— Ah ça ? vous figurez-vous que, le jour où j'aurai eu le cou tranché par le triangle révolutionnaire, je me croirai déshonoré ? Pas le moins du monde : j'ai la prétention d'être un soldat comme vous ; seulement, tous ne peuvent pas servir leur cause de la même façon : chaque religion a ses héros et ses martyrs ; bienheureux dans ce monde les héros, mais bienheureux dans l'autre les martyrs !

Le jeune homme avait prononcé ces paroles avec une conviction qui n'avait pas laissé que d'émouvoir, ou plutôt d'étonner Roland.

— Mais, continua Morgan abandonnant bien vite l'exaltation, et revenant à la gaîté qui paraissait le trait distinctif de son caractère, je ne suis pas venu pour faire de la philosophie politique ; je suis venu pour vous prier de me faire parler au premier consul.

— Comment! au premier consul? s'écria Roland.

— Sans doute ; relisez ma lettre : je vous dis que j'ai une demande à vous faire?

— Oui.

— Eh bien, cette demande, c'est de me faire parler au général Bonaparte.

— Permettez, comme je ne m'attendais point à cette demande...

— Elle vous étonne ; elle vous inquiète même. Mon cher colonel, vous pourrez, si vous ne vous en rapportez pas à ma parole, me fouiller des pieds à la tête, et vous verrez que je n'ai d'autres armes que ces pistolets, que je n'ai même plus, puisque les voilà sur votre table. Il y a mieux : prenez-en un de chaque main, placez-vous entre le premier consul et moi, et brûlez-moi la cervelle au premier mouvement suspect que je ferai. La condition vous va-t-elle ?

— Mais, si je dérange le premier consul pour qu'il écoute la communication que vous avez à lui faire, vous m'assurez que cette communication en vaut la peine ?

— Oh ! quant à cela, je vous en réponds !

Puis, avec son joyeux accent :

— Je suis pour le moment, ajouta-t-il, l'ambassadeur d'une tête couronnée, ou plutôt découronnée, ce qui ne la rend pas moins respectable pour les nobles cœurs ; d'ailleurs, je prendrai peu de temps à votre général, monsieur Roland, et, du moment où la conversation traînera en longueur, il pourra me congédier; je ne me le ferai pas redire deux fois, soyez tranquille.

Roland demeura un instant pensif et silencieux.

— Et c'est au premier consul seul que vous pouvez faire cette communication ?

—Au premier consul seul, puisque, seul, le premier consul peut me répondre.

— C'est bien, attendez-moi ici, je vais prendre ses ordres.

Roland fit un pas vers la chambre de son général; mais il s'arrêta, jetant un regard d'inquiétude vers une foule de papiers amoncelés sur sa table.

Morgan surprit ce regard.

—Ah! bon! dit-il, vous avez peur qu'en votre absence je ne lise ces paperasses? Si vous saviez comme je déteste lire! c'est au point que ma condamnation à mort serait sur cette table, que je ne me donnerais pas la peine de la lire; je dirais : C'est l'affaire du greffier, à chacun sa besogne. Monsieur Roland, j'ai froid aux pieds, je vais en votre absence me les chauffer, assis dans votre fauteuil; vous m'y retrouverez à votre retour, et je n'en aurai pas bougé.

— C'est bien, monsieur, dit Roland.

Et il entra chez le premier consul.

Bonaparte causait avec le général Hédouville, commandant en chef des troupes de la Vendée.

En entendant la porte s'ouvrir, il se retourna avec impatience.

—J'avais dit à Bourienne que je n'y étais pour personne.

— C'est ce qu'il m'a appris en passant, mon général ; mais je lui ai répondu que je n'étais pas quelqu'un.

—Tu as raison. Que me veux-tu? dis vite.

— Il est chez moi.

— Qui cela ?

— L'homme d'Avignon.

— Ah ! ah ! et que demande-t-il ?

— Il demande à vous voir.

— A me voir, moi ?

— Oui, vous, général ; cela vous étonne ?

— Non ; mais que peut-il avoir à me dire ?

— Il a obstinément refusé de m'en instruire ; j'oserais affirmer que ce n'est ni un importun ni un fou.

— Non ; mais c'est peut-être un assassin.

Roland secoua la tête.

— En effet, du moment où c'est toi qui l'introduis...

— D'ailleurs, il ne se refuse pas à ce que j'assiste à la conférence : je serai entre vous et lui.

Bonaparte réfléchit un instant.

— Fais-le entrer, dit-il.

— Vous savez, mon général, qu'excepté moi...

— Oui, le général Hédouville aura la

complaisance d'attendre une seconde ; notre conversation n'est point de celles que l'on épuise en une séance. Va, Roland.

Roland sortit, traversa le cabinet de Bourrienne, rentra dans sa chambre, et retrouva Morgan, qui se chauffait les pieds comme il avait dit.

— Venez ! le premier consul vous attend, dit le jeune homme.

Morgan se leva et suivit Roland.

Lorsqu'ils entrèrent dans le cabinet de Bonaparte, celui-ci était seul.

Il jeta un coup d'œil rapide sur le chef des compagnons de Jehu, et ne fit point de doute que ce ne fût le même homme qu'il avait vu à Avignon.

Morgan s'était arrêté à quelques pas de la porte, et, de son côté, regardait curieusement Bonaparte, et s'affermissait dans la conviction que c'était bien lui qu'il avait entrevu à la table d'hôte le jour où il avait tenté cette périlleuse restitution des deux cents louis volés par mégarde à Jean Picot.

— Approchez, dit le premier consul.

Morgan s'inclina et fit trois pas en avant.

Bonaparte répondit à son salut par un léger signe de tête.

— Vous avez dit à mon aide-de-camp, le colonel Roland, que vous aviez une communication à me faire.

— Oui, citoyen premier consul.

— Cette communication exige-t-elle le tête-à-tête ?

— Non, citoyen premier consul, quoiqu'elle soit d'une telle importance...

— Que vous aimeriez mieux que je fusse seul ?

— Sans doute, mais la prudence...

— Ce qu'il y a de plus prudent en France, citoyen Morgan, c'est le courage.

— Ma présence chez vous, général, est une preuve que je suis parfaitement de votre avis.

Bonaparte se retourna vers le jeune colonel.

— Laisse-nous seuls, Roland, dit-il.

— Mais, mon général!... insista celui-ci.

Bonaparte s'approcha de lui ; puis, tout bas :

— Je vois ce que c'est, reprit-il : tu es curieux de savoir ce que ce mystérieux chevalier de grand chemin peut avoir à me dire ; sois tranquille, tu le sauras...

— Ce n'est pas cela ; mais, si, comme vous le disiez tout à l'heure, cet homme était un assassin ?

— Ne m'as-tu pas répondu que non ? Allons, ne fais pas l'enfant, laisse-nous.

Roland sortit.

— Nous voilà seuls, monsieur, dit le premier consul ; parlez !

Morgan, sans répondre, tira une lettre de sa poche et la présenta au général.

Le général l'examina : elle était à son adresse et fermée d'un cachet aux trois fleurs de lis de France.

— Oh! oh! dit-il, qu'est-ce que cela, monsieur?

— Lisez, citoyen premier consul.

Bonaparte ouvrit la lettre et alla droit à la signature.

— « Louis, » dit-il.

— Louis, répéta Morgan.

— Quel Louis?

— Mais Louis de Bourbon, je présume.

— M. le comte de Provence, le frère de Louis XVI?

— Et, par conséquent, Louis XVIII depuis que son neveu le Dauphin est mort.

Bonaparte regarda de nouveau l'inconnu; car il était évident que ce nom de Morgan qu'il s'était donné n'était qu'un pseudonyme destiné à cacher son véritable nom.

Après quoi, reportant son regard sur la lettre, il lut :

« 3 janvier 1800.

» Quelle que soit leur conduite appa-
» rente, monsieur, des hommes tels que
» vous n'inspirent jamais d'inquiétude;
» vous avez accepté une place éminente,
» je vous en sais gré : mieux que personne,
» vous savez ce qu'il faut de force et de
» puissance pour faire le bonheur d'une

» grande nation. Sauvez la France de ses
» propres fureurs, et vous aurez rempli le
» vœu de mon cœur; rendez-lui son roi,
» et les générations futures béniront votre
» mémoire. Si vous doutez que je sois sus-
» ceptible de reconnaissance, marquez
» votre place, fixez le sort de vos amis.
» Quant à mes principes, je suis Français;
» clément par caractère, je le serai encore
» par raison. Non, le vainqueur de Lodi,
» de Castiglione et d'Arcole, le conquérant
» de l'Italie et de l'Égypte ne peut préférer
» à la gloire une vaine célébrité. Ne perdez
» pas un temps précieux : nous pouvons
» assurer la gloire de la France; je dis
» *nous* parce que j'ai besoin de Bonaparte
» pour cela et qu'il ne le pourrait pas sans
» moi. Général, l'Europe vous observe, la

» gloire vous attend, et je suis impatient
» de rendre le bonheur à mon peuple.

» Louis. »

Bonaparte se retourna vers le jeune homme, qui attendait debout, immobile et muet comme une statue.

— Connaissez-vous le contenu de cette lettre ? demanda-t-il.

Le jeune homme s'inclina.

— Oui, citoyen premier consul.

- Elle était cachetée, cependant.

— Elle a été envoyée sous cachet volant à celui qui me l'a remise, et, avant même de me la confier, il me l'a fait lire afin que j'en connusse bien toute l'importance.

— Et peut-on savoir le nom de celui qui vous l'a confiée?

— Georges Cadoudal.

Bonaparte tressaillit légèrement.

—Vous connaissez Georges Cadoudal? demanda-t-il.

— C'est mon ami.

— Et pourquoi vous l'a-t-il confiée, à vous, plutôt qu'à un autre?

— Parce qu'il savait qu'en me disant que cette lettre devait vous être remise en main propre, elle s rait remise comme il le désirait.

— En effet, monsieur, vous avez tenu votre promesse.

— Pas encore tout à fait, citoyen premier consul.

— Comment cela ? ne me l'avez-vous pas remise ?

— Oui ; mais j'ai promis de rapporter une réponse.

— Et si je vous dis que je ne veux pas en faire ?

— Vous aurez répondu, pas précisément

comme j'eusse désiré que vous le fissiez, mais ce sera toujours une réponse.

Bonaparte demeura quelques instants pensif.

Puis, sortant de sa rêverie par un mouvement d'épaules :

— Ils sont fous! dit-il.

— Qui cela, citoyen? demanda Morgan.

— Ceux qui m'écrivent de pareilles lettres ; fous, archifous ! Croient-ils donc que je suis de ceux qui prennent leurs exemples dans le passé, qui se modèlent sur d'autres hommes? Recommencer Monk ! à quoi bon? Pour faire un Charles II! Ce n'est, ma foi, pas la peine. Quand a derrière soi Toulon, le 13 vendémiaire, Lodi, Castiglione, Arcole, Rivoli, les Pyramides, on est un autre homme que Monk, et l'on a le droit d'aspirer à autre chose qu'au duché d'Albemarle et au commandement des armées de terre et de mer de Sa Majesté Louis XVIII.

— Aussi, vous dit-on de faire vos conditions, citoyen premier consul.

Bonaparte tressaillit au son de cette voix comme s'il eût oublié que quelqu'un était là.

— Sans compter, reprit-il, que c'est une

famille perdue, un rameau mort d'un tronc pourri ; les Bourbons se sont tant mariés entre eux, que c'est une race abâtardie, qui a usé toute sa sève et toute sa vigueur dans Louis XIV. Vous connaissez l'histoire, monsieur? dit Bonaparte en se tournant vers le jeune homme.

— Oui, général, répondit celui-ci ; du moins comme un ci-devant peut la connaître.

— Eh bien, vous avez dû remarquer dans l'histoire, dans celle de France surtout, que chaque race a son point de départ, son point culminant et sa décadence. Voyez les Capétiens directs : partis de Hugues, ils arrivent à leur apogée avec Philippe-Auguste et Louis IX, et tombent avec Philippe V et Charles IV. Voyez les Valois : partis de Philippe VI, ils ont leur point culminant dans François Ier et tombent avec Charles IX et Henri III. Enfin, voyez les Bourbons : partis de Henri IV, ils ont leur point culminant dans Louis XIV et tombent avec Louis XV et Louis XVI; seulement ils tombent plus bas que les autres : plus bas dans la débauche avec Louis XV, plus bas dans le malheur avec Louis XVI. Vous me parlez des Stuarts, et vous me montrez l'exemple de Monk. Voulez-vous me dire qui succède à Charles II? Jacques II ; et à Jacques II ? Guillaume d'Orange, un usurpateur. N'aurait-il pas mieux valu, je vous le demande, que Monk mît tout de suite la couronne sur sa tête?

Eh bien, si j'étais assez fou pour rendre le trône à Louis XVIII, comme Charles II, il n'aurait pas d'enfants, comme Jacques II, son frère Charles X lui succéderait, et, comme Jacques II, il se ferait chasser par quelque Guillaume d'Orange. Oh! non, Dieu n'a pas mis la destinée d'un beau et grand pays qu'on appelle la France entre mes mains pour que je la rende à ceux qui l'ont jouée et qui l'ont perdue.

— Remarquez, général, que je ne vous demandais pas tout cela.

— Mais, moi, je vous le demande...

— Je crois que vous me faites l'honneur de me prendre pour la postérité.

Bonaparte tressaillit, se retourna, vit à qui il parlait, et se tut.

— Je n'avais besoin, continua Morgan avec une dignité qui étonna celui auquel il s'adressait, que d'un oui ou d'un non.

— Et pourquoi aviez-vous besoin de cela ?

— Pour savoir si nous continuerions de vous faire la guerre comme à un ennemi, ou si nous tomberions à vos genoux comme devant un sauveur.

— La guerre! dit Bonaparte, la guerre! insensés ceux qui me la font; ne voient-ils pas que je suis l'élu de Dieu?

— Attila disait la même chose.

— Oui; mais il était l'élu de la destruction, et moi, je suis celui de l'ère nouvelle; l'herbe séchait où il avait passé : les moissons mûriront partout où j'aurai passé la charrue. La guerre! dites-moi ce que sont devenus ceux qui me l'ont faite! Ils sont couchés dans les plaines du Piémont, de la Lombardie ou du Caire !

— Vous oubliez la Vendée? la Vendée est toujours debout.

— Debout, soit; mais ses chefs? mais Cathelineau, mais Lescure, mais la Rochejaquelein, mais d'Elbée, mais Bonchamp, mais Stofflet, mais Charette?

— Vous ne parlez là que des hommes : les hommes ont été moissonnés, c'est vrai, mais le principe est debout, et tout autour de lui combattent aujourd'hui d'Autichamp, Suzannet, Grignon, Frotté, Châtillon, Cadoudal ; les cadets ne valent peut-être pas les aînés ; mais, pourvu qu'ils meurent à leur tour, c'est tout ce que l'on peut exiger d'eux.

— Qu'ils prennent garde ! si je décide une campagne de la Vendée, je n'y enverrai ni des Santerre ni des Rossignol !

— La Convention y a envoyé Kléber, et le Directoire Hoche !...

— Je n'enverrai pas, j'irai moi-même.

— Il ne peut rien leur arriver de pis que d'être tués comme Lescure ou fusillés comme Charette.

— Il peut leur arriver que je leur fasse grâce.

— Caton nous a appris comment on échappait au pardon de César.

— Ah! faites attention : vous citez un républicain !

— Catou est un de ces hommes dont on peut suivre l'exemple, à quelque parti que l'on appartienne.

— Et si je vous disais que je tiens la Vendée dans ma main ?...

— Vous !

— Et que, si je veux, dans trois mois elle sera pacifiée ?

Le jeune homme secoua la tête.

— Vous ne me croyez pas ?

— J'hésite à vous croire.

— Si je vous affirme que ce que je dis est vrai ; si je vous le prouve en vous disant par quel moyen ou plutôt par quels hommes j'y arriverai ?

— Si un homme comme le général Bonaparte m'affirme une chose, je la croirai, et, si cette chose qu'il m'affirme est la pacification de la Vendée, je lui dirai à mon tour : Prenez garde! mieux vaut pour vous la Vendée combattant que la Vendée conspirant : la Vendée combattant, c'est l'épée; la Vendée conspirant, c'est le poignard.

— Oh! je le connais votre poignard, dit Bonaparte; le voilà !

Et il alla prendre dans un tiroir le poignard qu'il avait tiré des mains de Roland et le posa sur une table, à la portée de la main de Morgan.

— Mais, ajouta-t-il, il y a loin de la poitrine de Bonaparte au poignard d'un assassin ; essayez plutôt.

Et il s'avança sur le jeune homme en fixant sur lui son regard de flamme.

— Je ne suis pas venu ici pour vous assassiner, dit froidement le jeune homme ; plus tard, si je crois votre mort indispensable au triomphe de la cause, je ferai de mon mieux ; et si alors je vous manque, ce n'est point parce que vous serez Marius et que je serai le Cimbre... Vous n'avez pas autre chose à me dire, citoyen premier consul ? continua le jeune homme en s'inclinant.

— Si fait ; dites à Cadoudal que, lorsqu'il voudra se battre contre l'ennemi au lieu de se battre contre des Français, j'ai dans mon bureau son brevet de colonel tout signé.

Cadoudal commande, non pas à un régiment, mais à une armée ; vous n'avez pas voulu déchoir en devenant de Bonaparte Monk ; pourquoi voulez-vous qu'il devienne de général colonel ? Vous n'avez pas autre chose à me dire, citoyen premier consul ?

— Si fait ; avez-vous un moyen de faire passer ma réponse au comte de Provence?

— Vous voulez dire au roi Louis XVIII?

— Ne chicanons pas sur les mots ; à celui qui m'a écrit.

— Son envoyé est au camp des Aubiers.

— Eh bien ! je change d'avis, je lui réponds ; ces Bourbons sont si aveugles que celui-là interpréterait mal mon silence.

Et Bonaparte s'asseyant à son bureau, écrivit la lettre suivante avec une application indiquant qu'il tenait à ce qu'elle fût lisible.

« J'ai reçu, monsieur, votre lettre; je vous remercie de la bonne opinion que vous y exprimez sur moi. Vous ne devez pas souhaiter votre retour en France : il vous faudrait marcher sur cent mille cadavres; sacrifiez votre intérêt au repos et au bonheur de la France, l'histoire vous en tiendra compte. Je ne suis point insensible aux malheurs de votre famille, et j'apprendrai avec plaisir que vous êtes environné de tout ce qui peut contribuer à la tranquillité de votre retraite.

» BONAPARTE. »

Et, pliant et cachetant la lettre, il écrivit l'adresse.: *A monsieur le comte de Provence*, la remit à Morgan, puis appela Roland, comme s'il pensait bien que celui-ci n'était pas loin..

— Général ?... demanda le jeune officier paraissant en effet au même instant.

— Reconduisez monsieur jusque dans la rue, dit Bonaparte ; jusque-là vous répondez de lui.

Roland s'inclina en signe d'obéissance, laissa passer le jeune homme qui se retira sans prononcer une parole, et sortit derrière lui.

Mais avant de sortir, Morgan jeta un dernier regard sur Bonaparte.

Celui-ci était debout, immobile, muet et les bras croisés, l'œil fixé sur ce poignard, qui préoccupait sa pensée plus qu'il ne voulait se l'avouer à lui-même.

En traversant la chambre de Roland, le chef des compagnons de Jehu reprit son manteau et ses pistolets.

Tandis qu'il les passait à sa ceinture :

— Il paraît, lui dit Roland, que le citoyen premier consul vous a montré le poignard que je lui ai donné.

— Oui, monsieur, répondit Morgan.

— Et vous l'avez reconnu?

— Pas celui-la particulièrement... tous nos poignards se ressemblent.

— Eh bien, fit Roland, je vais vous dire d'où il vient.

— Ah!... Et d'où vient-il?

— De la poitrine d'un de mes amis, où vos compagnons, peut-être vous-même l'aviez enfoncé.

— C'est possible, répondit insoucieusement le jeune homme, mais votre ami se sera exposé à ce châtiment.

— Mon ami a voulu voir ce qui se passait la nuit dans la chartreuse de Seillon.

— Il a eu tort.

— Mais, moi, j'avais eu le même tort la veille ; pourquoi ne m'est-il rien arrivé ?

— Parce que sans doute quelque talisman vous sauvegardait.

— Monsieur, je vous dirai une chose : c'est que je suis un homme de droit chemin et de grand jour; il en résulte que j'ai horreur du mystérieux.

— Heureux ceux qui peuvent marcher au grand jour et suivre le grand chemin, monsieur de Montrevel !

— C'est pour cela que je vais vous dire le serment que j'ai fait, monsieur Morgan. En tirant le poignard que vous avez vu de la poitrine de mon ami, le plus délicatement possible, pour ne pas en tirer son âme en même temps, j'ai fait serment que ce serait désormais entre ses assassins et moi une guerre à mort, et c'est en grande partie pour vous dire cela à vous-même que je vous ai donné la parole qui vous sauvegardait.

— C'est un serment que j'espère vous voir oublier, monsieur de Montrevel.

— C'est un serment que je tiendrai dans toutes les occasions, monsieur Morgan, et vous serez bien aimable de m'en fournir une le plus tôt possible.

— De quelle façon, monsieur?

— Eh bien, mais, par exemple, en acceptant avec moi une rencontre soit au bois de Boulogne, soit au bois de Vincennes; nous n'avons pas besoin de dire, bien entendu, que nous nous battons parce que vous ou vos amis avez donné un coup de poignard à lord Tanlay. Non, nous dirons ce que vous vous voudrez, que, c'est à propos, par exemple... (Roland chercha) de l'éclipse de lune qui doit avoir lieu le 12 du mois prochain. Le prétexte vous va-t-il?

— Le prétexte m'irait, monsieur, répondit Morgan avec un accent de mélancolie dont on l'eût cru incapable, si le duel lui-même me pouvait aller. Vous avez fait un serment, et vous le tiendrez, dites-vous? Eh bien, tout initié en fait un aussi en entrant dans la compagnie de Jehu : c'est de n'exposer dans aucune querelle particulière une vie qui appartient à sa cause, et non plus à lui.

— Oui ; si bien que vous assassinez, mais ne vous battez pas.

— Vous vous trompez, nous nous battons quelquefois.

— Soyez assez bon pour m'indiquer une occasion d'étudier ce phénomène.

— C'est bien simple : tâchez, monsieur de Montrevel, de vous trouver, avec cinq ou six hommes résolus comme vous, dans quelque diligence portant l'argent du gouvernement ; défendez ce que nous

attaquerons, et l'occasion que vous cherchez sera venue ; mais, croyez-moi, faites
mieux que cela : ne vous trouvez pas sur
notre chemin.

— C'est une menace, monsieur ? dit le
jeune homme en relevant la tête.

— Non, monsieur, fit Morgan d'une
voix douce, presque suppliante, c'est une
prière.

— M'est-elle particulièrement adressée
ou la feriez-vous à un autre ?

— Je la fais à vous particulièrement.

Et le chef des compagnons de Jehu
appuya sur ce dernier mot.

— Ah! ah! fit le jeune homme, j'ai donc le bonheur de vous intéresser?

— Comme un frère, répondit Morgan, toujours de sa même voix douce et caressante.

— Allons, dit Roland, décidément, c'est une gageure.

En ce moment, Bourrienne entra.

— Roland, dit-il, le premier consul vous demande.

— Le temps de reconduire monsieur jusqu'à la porte de la rue, et je suis à lui.

— Hâtez-vous; vous savez qu'il n'aime point à attendre.

— Voulez-vous me suivre, monsieur? dit Roland à son mystérieux compagnon.

— Il y a longtemps que je suis à vos ordres, monsieur.

— Venez, alors.

Et Roland, reprenant le même chemin par lequel il avait amené Morgan, le reconduisit, non pas jusqu'à la porte donnant dans le jardin, — le jardin était fermé, — mais jusqu'à celle de la rue.

Arrivé là.

— Monsieur, dit-il à Morgan, je vous ai donné ma parole, je l'ai tenue fidèlement ; mais, pour qu'il n'y ait point de malentendu entre nous, dites-moi bien que cette parole était pour une fois et pour aujourd'hui seulement.

— C'est comme cela que je l'ai entendu, monsieur.

— Ainsi, cette parole, vous me la rendez?

— Je voudrais la garder, monsieur; mais je reconnais que vous êtes libre de me la reprendre.

— C'est tout ce que je désirais. Au revoir, monsieur Morgan.

— Permettez-moi de ne pas faire le même souhait, monsieur de Montrevel.

Les deux jeunes gens se saluèrent avec une courtoisie parfaite, Roland rentrant au Luxembourg, et Morgan prenant, en suivant la ligne d'ombre projetée par la muraille, une des petites rues qui conduisent à la place Saint-Sulpice.

C'est celui-ci que nous allons suivre.

II

Le bal des victimes.

Au bout de cent pas à peine, Morgan ôta son masque; au milieu des rues de Paris, il courait bien autrement risque d'être remarqué avec un masque que remarqué sans masque.

Arrivé rue Taranne, il frappa à la porte d'un petit hôtel garni qui faisait le coin de cette rue et de la rue du Dragon, entra, prit sur un meuble un chandelier, à un clou la clé du numéro 12, et monta sans éveiller d'autre sensation que celle d'un locataire bien connu qui rentre après être sorti.

Dix heures sonnaient à la pendule au moment même où il refermait sur lui la porte de sa chambre.

Il écouta attentivement les heures, la lumière de la bougie ne se projetant pas jusqu'à la cheminée ; puis, ayant compté dix coups :

— Bon ! dit-il à lui-même, je n'arriverai pas trop tard.

Malgré cette probabilité, Morgan parut décidé à ne point perdre de temps ; il passa un papier flamboyant sous un grand foyer préparé dans la cheminée, et qui s'enflamma aussitôt, alluma quatre bougies, c'est-à-dire tout ce qu'il y en avait dans la chambre, en disposa deux sur la cheminée, deux sur la commode en face, ouvrit un tiroir de la commode, et étendit sur le lit un costume complet d'incroyable du dernier goût.

Ce costume se composait d'un habit court et carré par devant, long par derrière, d'une couleur tendre, flottant entre le vert d'eau et le gris-perle, d'un gilet de panne chamois à dix-huit boutons de nacre, d'une immense cravate blanche de la plus fine batiste, d'un pantalon collant de casimir blanc, avec un flot de rubans à l'endroit où il se boutonnait, c'est-à-dire au-dessous du mollet ; enfin des bas de soie gris-perle, rayés transversalement du même vert que l'habit, et de fins escarpins à boucles de diamants.

Le lorgnon de rigueur n'était pas oublié.

Quant au chapeau, c'était le même que celui dont Carle Vernet a coiffé son élégant du Directoire.

Ces objets préparés, Morgan parut attendre avec impatience.

Au bout de cinq minutes, il sonna ; un garçon parut.

— Le perruquier, demanda Morgan, n'est-il point venu ?

A cette époque, les perruquiers n'étaient pas encore des coiffeurs.

— Si fait, citoyen, répondit le garçon, il est venu ; mais vous n'étiez pas encore rentré, et il a dit qu'il allait revenir. Du reste, comme vous sonniez, on frappait à la porte ; c'était probablement...

— Voilà ! voilà ! dit une voix dans l'escalier.

— Ah ! bravo ! fit Morgan ; arrivez, maître Cadenette! il s'agit de faire de moi quelque chose comme Adonis.

— Ce ne sera pas difficile, monsieur le baron, dit le perruquier.

— Eh bien, eh bien, vous voulez donc absolument me compromettre, citoyen Cadenette?

— Monsieur le baron, je vous en supplie, appelez-moi Cadenette tout court, cela m'honorera, car ce sera une preuve de familiarité; mais ne m'appelez pas citoyen : fi! c'est une dénomination révolutionnaire; et, au plus fort de la Terreur, j'ai toujours appelé mon épouse *madame* Cadenette. Maintenant, excusez-moi de ne pas vous avoir attendu ; mais il y a ce soir grand bal rue du Bac, bal des victimes (le perruquier appuya sur ce mot) ; j'aurais cru que monsieur le baron devait en être.

— Ah çà ! fit Morgan en riant, vous êtes donc toujours royaliste, Cadenette ?

Le perruquier mit tragiquement la main sur son cœur.

— Monsieur le baron, dit-il, c'est non-seulement une affaire de conscience, mais aussi une affaire d'état.

— De conscience ! je comprends, maître Cadenette, mais d'état ! que diable l'honorable corporation des perruquiers a-t-elle à faire à la politique?

— Comment! monsieur le baron, dit Cadenette tout en s'apprêtant à coiffer son client, vous demandez cela? vous, un aristocrate!

— Chut, Cadenette!

— Monsieur le baron, entre ci-devant, on peut se dire de ces choses-là.

— Alors, vous êtes un ci-devant?

— Tout ce qu'il y a de plus ci-devant. Quelle coiffure monsieur le baron désire-t-il?

Les oreilles de chien, et les cheveux retroussés par derrière.

— Avec un œil de poudre?

— Deux yeux si vous voulez, Cadenette.

— Ah ! monsieur, quand on pense que, pendant cinq ans, on n'a trouvé que chez moi de la poudre à la maréchale ! monsieur le baron, pour une boîte de poudre, on était guillotiné.

— J'ai connu des gens qui l'ont été pour moins que cela, Cadenette. Mais expliquez-moi comment vous vous trouvez être un ci-devant ; j'aime à me rendre compte de tout.

— C'est bien simple, monsieur le baron. Vous admettez, n'est-ce pas, que parmi les corporations, il y en avait de plus ou moins aristocrates ?

— Sans doute, selon qu'elles se rapprochaient des hautes classes de la société.

— C'est cela, monsieur le baron. Eh bien, les hautes classes de la société, nous les tenions par les cheveux ; moi, tel que vous me voyez, j'ai coiffé un soir madame de Polignac ; mon père a coiffé madame Du Barry, mon grand-père, madame de Pompadour ; nous avions nos priviléges, monsieur : nous portions l'épée. Il est vrai que, pour éviter les accidents qui pouvaient arriver entre têtes chaudes comme les nôtres, la plupart du temps nos épées étaient en bois ; mais tout au moins, si ce n'était pas la chose, c'était le simulacre. Oui, monsieur le baron, continua Cadenette avec un soupir, ce temps-là, c'était le beau temps, non-seulement des perruquiers, mais aussi de la France. Nous étions de tous les secrets, de toutes les intrigues, on ne se cachait pas de nous : et il n'y a pas d'exemple, monsieur le baron, qu'un secret ait été trahi par un perruquier. Voyez notre pauvre reine, à qui a-t-elle confié ses diamants ? au grand, à l'illustre Léonard, au prince de la coiffure. Eh bien, monsieur le baron, deux hommes ont suffi pour renverser l'échafaudage d'une puissance qui reposait sur les perruques de Louis XIV, sur les poufs de la

Régence, sur les crêpes de Louis XV et sur les galeries de Marie-Antoinette.

— Et ces deux hommes, ces deux niveleurs, ces deux révolutionnaires, quels sont-ils, Cadenette? que je les voue, autant qu'il sera en mon pouvoir à l'exécration publique.

— M. Rousseau et le citoyen Talma. M. Rousseau, qui a dit cette absurdité : « Revenez à la nature, » et le citoyen Talma, qui a inventé les coiffures à la Titus.

— C'est vrai, Cadenette, c'est vrai.

— Enfin, avec le Directoire, on a eu un instant d'espérance. M. Barras n'a jamais abandonné la poudre, et le citoyen Moulin a conservé la queue; mais, vous comprenez, le 18 brumaire a tout anéanti : le moyen de faire friser les cheveux de M. Bonaparte!... Ah! tenez, continua Cadenette en faisant bouffer les oreilles de chien de sa pratique, à la bonne heure, voilà de véritables cheveux d'aristocrate, doux et fins comme de la soie et qui tiennent le fer, que c'est à croire que vous portez perruque. Regardez-vous, monsieur le baron ; vous vouliez être beau comme Adonis... Ah! si Vénus vous avait vu, ce n'est point d'Adonis que Mars eût été jaloux.

Et Cadenette, arrivé au bout de son travail et satisfait de son œuvre, présenta un miroir à main à Morgan, qui se regarda avec complaisance.

— Allons, allons, dit-il au perruquier, décidément, mon cher, vous êtes un artiste ! Retenez bien cette coiffure-là : si jamais on me coupe le cou, comme il y aura probablement des femmes à mon exécution, c'est cette coiffure-là que je me choisis.

— Monsieur le baron veut qu'on le regrette, dit sérieusement le perruquier.

— Oui, et en attendant, mon cher Cadenette, voici un écu pour la peine que vous avez prise. Ayez la bonté de dire en descendant que l'on m'appelle une voiture.

Cadenette poussa un soupir.

— Monsieur le baron, dit-il, il y a une époque où je vous eusse répondu : Montrez-vous à la cour avec cette coiffure, et je serai payé ; mais il n'y a plus de cour, monsieur le baron, et il faut vivre... Vous aurez votre voiture.

Sur quoi, Cadenette poussa un second soupir, mit l'écu de Morgan dans sa poche, fit le salut révérencieux des perruquiers et des maîtres de danse, et laissa le jeune homme parachever sa toilette.

Une fois la coiffure achevée, ce devait être chose bientôt faite ; la cravate seule prit un peu de temps à cause des brouillards qu'elle nécessitait, mais Morgan se tira de cette tâche difficile en homme expérimenté, et, à onze heures sonnantes, il était prêt à monter en voiture.

Cadenette n'avait point oublié la commission : un fiacre attendait à la porte.

Morgan y sauta en criant :

— Rue du Bac, numéro 60.

Le fiacre prit la rue de Grenelle, remonta la rue du Bac et s'arrêta au numéro 60.

— Voilà votre course payée double, mon ami, dit Morgan, mais à la condition que vous ne stationnerez pas à la porte.

Le fiacre reçut trois francs et disparut au coin de la rue de Varennes.

Morgan jeta les yeux sur la façade de la maison; c'était à croire qu'il s'était trompé de porte, tant cette façade était sombre et silencieuse.

Cependant Morgan n'hésita point, il frappa d'une certaine façon.

La porte s'ouvrit.

Au fond de la cour s'étendait un grand bâtiment ardemment éclairé.

Le jeune homme se dirigea vers le bâtiment; à mesure qu'il approchait, le son des instruments venait à lui.

Il monta un étage, et se trouva dans le vestiaire.

Il tendit son manteau au contrôleur chargé de veiller sur les pardessus.

— Voici un numéro, lui dit le contrôleur ; quant aux armes, déposez-les dans la galerie, de manière que vous puissiez les reconnaître.

Morgan mit le numéro dans la poche de son pantalon et entra dans une grande galerie transformée en arsenal.

Il y avait là une véritable collection d'armes de toutes les espèces, pistolets, tromblons, carabines, épées, poignards. Comme le bal pouvait être tout à coup interrompu par une descente de la police, il fallait qu'à la seconde chaque danseur pût se transformer en combattant.

Débarrassé de ses armes, Morgan entra dans la salle du bal.

Nous doutons que la plume puisse donner à nos lecteurs une idée de l'aspect qu'offrait ce bal.

En général, comme l'indiquait son nom, bal des victimes, on n'était admis à ce bal qu'en vertu des droits étranges que vous y avaient donnés vos parents envoyés sur l'échafaud par la Convention ou la commune de Paris, mitraillés par Collot-d'Herbois, ou noyés par Carrier; mais, comme à tout prendre, c'étaient les guillotinés qui, pendant les trois années de terreur que l'on venait de traverser, l'avaient emporté en nombre sur les autres victimes, les costumes qui formaient la majorité étaient les costumes des victimes de l'échafaud.

Ainsi la plus grande partie des jeunes filles dont les mères et les sœurs aînées étaient tombées sous la main du bourreau portaient elles-mêmes le costume que leur mère et leur sœur avaient revêtu pour la suprême et lugubre cérémonie, c'est-à-dire la robe blanche, le châle rouge et les cheveux coupés à fleur de cou.

Quelques-unes, pour ajouter à ce costume, déjà si caractéristique, un détail plus significatif encore, quelques-unes avaient noué autour de leur cou un fil de soie rouge, mince comme le tranchant d'un rasoir, lequel, comme chez Marguerite de *Faust au sabbat*, indiquait le passage du fer entre les mastoïdes et les clavicules.

Quant aux hommes qui se trouvaient dans le même cas, ils avaient le collet de leur habit rabattu en arrière, celui de leur chemise flottant, le cou nu et les cheveux coupés.

Mais beaucoup avaient d'autres droits, pour entrer dans ce bal, que d'avoir eu des victimes dans leurs familles : beaucoup avaient fait eux-mêmes des victimes.

Ceux-là cumulaient.

Il y avait là des hommes de quarante à quarante-cinq ans, qui avaient été élevés dans les boudoirs des belles courtisanes du dix-huitième siècle, qui avaient connu madame Du Barry dans les mansardes de Versailles, la Sophie Arnoult chez M. de Lauraguais, la Duthé chez le comte d'Artois, et qui avaient emprunté à la politesse du vice le vernis dont ils recouvraient leur férocité. Ils étaient encore jeunes et beaux ; ils entraient dans un salon secouant leurs chevelures odorantes et leurs mouchoirs parfumés, et ce n'était point une précaution

inutile, car, s'ils n'eussent senti l'ambre
ou la verveine, ils eussent senti le sang.

Il y avait là des hommes de vingt-cinq
à trente ans, mis avec une élégance infinie, qui faisaient partie de l'association des
Vengeurs, qui semblaient saisis de la mo-
nomanie de l'assassinat, de la folie de l'é-
gorgement; qui avaient la frénésie du
sang, et que le sang ne désaltérait pas ;
qui, lorsque l'ordre leur était venu de tuer,
tuaient celui qui leur était désigné, ami
ou ennemi ; qui portaient la conscience
du commerce dans la comptabilité du
meurtre ; qui recevaient la traite san-
glante qui leur demandait la tête de tel ou
tel jacobin, et qui la payaient à vue.

Il y avait là des jeunes hommes de dix-huit à vingt ans, des enfants presque, mais des enfants nourris comme Achille, de la moelle des bêtes féroces, comme Pyrrhus de la chair des ours ; c'étaient des élèves bandits de Schiller, c'était cette génération étrange qui arrive après les grandes convulsions politiques, comme vinrent les Titans après le chaos, les hydres après le déluge, comme viennent enfin les vautours et les corbeaux après le carnage.

C'était ce spectre de bronze, impassible, implacable, inflexible qu'on appelle le talion.

Et ce spectre se mêlait aux vivants, il entrait dans les salons dorés, il faisait un signe du regard, un geste de la main, un mouvement de la tête, et on le suivait.

On faisait, dit l'auteur auquel nous empruntons ces détails si inconnus et cependant si véridiques, on faisait Charlemagne à la bouillotte pour une partie d'extermination.

La Terreur avait affecté un grand cynisme dans ses vêtements, une austérité lacédémonienne dans ses repas, le plus profond mépris enfin d'un peuple sauvage pour tous les arts et tous les spectacles.

La réaction thermidorienne, au contraire, était élégante, parée et opulente; elle épuisait tous les luxes et toutes les voluptés, comme sous la royauté de Louis XV; seulement, elle ajouta le luxe de la vengeance, la volupté du sang.

Fréron donna son nom à toute cette jeunesse que l'on appela jeunesse de Fréron ou jeunesse dorée.

Pourquoi Fréron plutôt qu'un autre eut-il cet étrange et fatal honneur?

Je ne me chargerai pas de vous le dire : mes recherches, — et ceux qui me connaissent me rendront cette justice que, quand je veux arriver à un but, les recherches ne me coûtent pas, — mes recherches ne m'ont rien appris là-dessus.

Ce fut un caprice de la mode; la mode est la seule déesse plus capricieuse encore que la fortune.

A peine nos lecteurs savent-ils aujourd'hui ce que c'était que Fréron, et celui qui fut le plastron de Voltaire est plus connu que celui qui fut le patron de ces élégants assassins.

L'un était le fils de l'autre. Louis-Stanislas était le fils d'Élie-Catherine; le père était mort de colère de voir son journal supprimé par le garde-des-sceaux Miromesnil.

L'autre, irrité par les injustices dont son père avait été victime, avait d'abord embrassé avec ardeur les principes révolutionnaires, et, à la place de *l'Année littéraire*, morte et étranglée en 1775, il avait, en 1789, créé *l'Orateur du peuple*. Envoyé dans le Midi comme agent extraordinaire, Marseille et Toulon gardent encore aujourd'hui le souvenir de ses cruautés.

Mais tout fut oublié quand, au 9 thermidor, il se prononça contre Robespierre, et aida à précipiter de l'autel de l'Être suprême le colosse qui, d'apôtre, s'était fait dieu. Fréron, répudié par la Montagne, qui l'abandonna aux lourdes mâchoires de Moïse Bayle; Fréron, repoussé avec dédain par la Gironde, qui le livra aux imprécations d'Isnard; Fréron, comme le disait le terrible et pittoresque orateur du

Var, Fréron, tout nu et tout couvert de la lèpre du crime, fut recueilli, caressé, choyé par les thermidoriens ; puis, du camp de ceux-ci, il passa dans le camp des royalistes, et, sans aucune raison d'obtenir ce fatal honneur, se trouva tout à coup à la tête d'un parti puissant de jeunesse, d'énergie et de vengeance, placé entre les passions du temps, qui menaient à tout, et l'impuissance des lois, qui souffraient tout.

Ce fut au milieu de cette jeunesse dorée, de cette jeunesse de Fréron, grasseyant, zézayant, donnant sa parole d'honneur à tout propos, que Morgan se fraya un passage.

Toute cette jeunesse, il faut le dire, malgré le costume dont elle était revêtue, malgré les souvenirs qui rappelaient ces costumes, toute cette jeunesse était d'une gaîté folle.

C'est incompréhensible, mais c'était ainsi.

Expliquez si vous pouvez cette danse macabre qui, au commencement du quinzième siècle, avec la furie d'un galop moderne conduit par Musard, déroulant ses anneaux dans le cimetière même des Innocents, laissa choir au milieu des tombes cinquante mille de ses funèbres danseurs.

Morgan cherchait évidemment quelqu'un.

Un jeune élégant qui plongeait, dans une bonbonnière de vermeil que lui tendait une charmante victime, un doigt rouge de sang, seule partie de sa main délicate qui eût été soustraite à la pâte d'amande, voulait l'arrêter pour lui donner des détails sur l'expédition dont il avait rapporté ce sanglant trophée ; mais Morgan lui sourit, pressa celle de ses deux mains qui était gantée, et se contenta de lui répondre :

— Je cherche quelqu'un.

— Affaire pressée ?

— Compagnie de Jehu.

Le jeune homme au doigt sanglant le laissa passer.

Une adorable furie, comme eût dit Corneille, qui avait ses cheveux retenus par un poignard à la lame plus pointue que celle d'une aiguille, lui barra le passage en lui disant :

— Morgan, vous êtes le plus beau, le plus brave et le plus digne d'être aimé de tous ceux qui sont ici. Qu'avez-vous à répondre à la femme qui vous dit cela ?

— J'ai à lui répondre que j'aime, dit Morgan, et que mon cœur est trop étroit pour une haine et deux amours.

Et il continua sa recherche.

Deux jeunes gens qui discutaient, l'un

disant : « C'est un Anglais, » l'autre disant : « C'est un Allemand, » arrêtèrent Morgan.

— Ah! pardieu! dit l'un, voilà l'homme qui peut nous tirer d'embarras.

— Non, répondit Morgan en essayant de rompre la barrière qu'ils lui opposaient, car je suis pressé.

— Il n'y a qu'un mot à répondre, dit l'autre. Nous venons de parier, Saint-Amand et moi, que l'homme jugé et exécuté dans la chartreuse de Seillon était, selon lui un Allemand, selon moi un Anglais.

— Je ne sais, répondit Morgan ; je n'y

étais pas. Adressez-vous à Hector : c'est lui qui présidait ce soir-là.

— Dis-nous alors où est Hector ?

— Dites-moi plutôt où est Tiffauges; je le cherche.

— Là-bas, au fond, dit le jeune homme en indiquant un point de la salle où la contredanse bondissait plus joyeuse et plus animée. Tu le reconnaîtras à son gilet; son pantalon, non plus, n'est point à dédaigner, et je m'en ferai faire un pareil avec la peau du premier mathévon à qui j'aurai affaire.

Morgan ne prit point le temps de demander ce que le gilet de Tiffauges avait de remarquable, et par quelle coupe bizarre ou quelle étoffe précieuse son pantalon avait pu obtenir l'approbation d'un homme aussi expert en pareille matière que l'était celui qui lui adressait la parole. Il alla droit au point indiqué par le jeune homme, et vit celui qu'il cherchait dansant un pas d'été qui semblait, par son habileté et son tricotage, qu'on me pardonne ce terme technique, sorti des salons de Vestris lui-même.

Morgan fit un signe au danseur.

Tiffauges s'arrêta à l'instant même, salua sa danseuse, la reconduisit à sa place, s'excusa sur l'urgence de l'affaire qui l'appelait et vint prendre le bras de Morgan.

Inutile de dire que le nom de Tiffauges, qui est celui d'un vieux château situé dans le Bocage, était, comme tous les noms des affiliés royalistes que nous verrons figurer dans ce livre, un faux nom servant à cacher un nom véritable.

Les deux jeunes gens passèrent dans un cabinet qui semblait réservé aux conférences du genre de celle pour laquelle ils venaient chercher la solitude.

— L'avez-vous vu? demanda Tiffauges à Morgan.

— Je le quitte, répondit celui-ci.

— Et vous lui avez remis la lettre du roi?

— A lui-même.

— L'a-t-il lue?

— A l'instant.

— Et il a fait une réponse?

— Il en a fait deux, une verbale, une écrite; la seconde dispense de la première.

— Et vous l'avez?

— La voici.

— En savez-vous le contenu?

— C'est un refus.

— Positif?

— Tout ce qu'il y a de plus positif.

— Sait-il que, du moment où il nous ôte tout espoir, nous le traitons en ennemi ?

— Je le lui ai dit.

— Et il a répondu ?

— Il n'a pas répondu, il a haussé les épaules.

— Quelle intention lui croyez-vous donc ?

— Ce n'est pas difficile à deviner.

— Aurait-il l'idée de garder le pouvoir pour lui ?

— Cela m'en a bien l'air.

— Le pouvoir, mais pas le trône?

— Pourquoi pas le trône!

— Il n'oserait se faire roi.

— Oh! je ne puis pas vous répondre si c'est précisément roi qu'il se fera; mais je vous réponds qu'il se fera quelque chose.

— Mais, enfin, c'est un soldat de fortune.

— Mon cher, mieux vaut en ce moment être le fils de ses œuvres que le petit-fils d'un roi.

Le jeune homme resta pensif.

— Je rapporterai tout cela à Cadoudal, fit-il.

— Et ajoutez que le premier consul a dit ces propres paroles : « Je tiens la Vendée dans ma main, et si je veux, dans trois mois, il ne s'y brûlera plus une amorce. »

— C'est bon à savoir.

— Vous le savez ; que Cadoudal le sache, et faites-en votre profit.

En ce moment, la musique cessa tout à coup ; le bourdonnement des danseurs s'éteignit ; il se fit un grand silence, et, au milieu de ce silence, quatre noms furent prononcés par une voix sonore et accentuée.

Ces quatre noms étaient ceux de Morgan, de Montbar, d'Adler et de d'Assas

— Pardon, dit Morgan à Tiffauges, il se prépare probablement quelque expédition dont je suis ; force m'est donc, à mon grand regret, de vous dire adieu : seulement, avant de vous quitter, laissez-moi regarder de plus près votre gilet et votre pantalon, dont on m'a parlé ; c'est une curiosité d'amateur, j'espère que vous l'excuserez.

— Comment donc ! fit le jeune Vendéen, bien volontiers.

Et, avec une rapidité et une complaisance qui faisaient honneur à sa courtoisie, il s'approcha des candélabres qui brûlaient sur la cheminée.

Le gilet et le pantalon paraissaient être de la même étoffe ; mais quelle était cette étoffe ? c'était là que le connaisseur le plus expérimenté se fût trouvé dans l'embarras.

Le pantalon était un pantalon collant ordinaire, de couleur tendre, flottant entre le chamois et la couleur de chair, il n'offrait rien de remarquable que d'être sans couture aucune et de coller exactement sur la chair.

Le gilet avait, au contraire, deux signes

caractéristiques qui appelaient plus particulièrement l'attention sur lui : il était troué de trois balles dont on avait laissé les trous béants, en les ravivant avec du carmin qui jouait le sang à s'y méprendre.

En outre, au côté gauche était peint le cœur sanglant qui servait de point de reconnaissance aux Vendéens.

Morgan examina les deux objets avec la plus grande attention, mais l'examen fut infructueux.

— Si je n'étais pas si pressé, dit-il, je voudrais en avoir le cœur net et ne m'en rapporter qu'à mes propres lumières ; mais, vous avez entendu, il est probablement arrivé quelques nouvelles au comité; c'est de l'argent que vous pouvez annoncer à Cadoudal : seulement, il faut l'aller prendre. Je commande d'ordinaire ces sortes d'expéditions, et, si je tardais, un autre se présenterait à ma place. Dites-moi donc quel est le tissu dont vous êtes habillé ?

— Mon cher Morgan, dit le Vendéen, vous avez peut-être entendu dire que mon frère avait été pris aux environs de Bressuire et fusillé par les bleus?

— Oui, je sais cela.

— Les bleus étaient en retraite; ils laissèrent le corps au coin d'une haie : nous les poursuivions l'épée dans les reins, de sorte que nous arrivâmes derrière eux. Je retrouvai le corps de mon frère encore chaud. Dans une de ses blessures était plantée une branche d'arbre avec cette étiquette : « Fusillé, comme brigand, par moi, Claude Flageolet, caporal au 3º bataillon de Paris. » Je recueillis le corps de mon frère ; je lui fis enlever la peau de la poitrine, cette peau qui, trouée de trois balles, devait éternellement crier vengeance devant mes yeux, et j'en fis faire mon gilet de bataille.

— Ah ! ah ! fit Morgan avec un certain étonnement dans lequel, pour la première fois, se mêlait quelque chose qui ressemblait à de la terreur ; ah ! ce gilet est fait avec la peau de votre frère? Et le pantalon?

— Oh! répondit le Vendéen, le pantalon, c'est autre chose ; il est fait avec celle du citoyen Claude Flageolet, caporal au 3ᵉ bataillon de Paris.

En ce moment, la même voix retentit, appelant pour la seconde fois, et dans le même ordre, les noms de Morgan, de Montbar, d'Adler et de d'Assas.

Morgan s'élança hors du cabinet.

III

La peau des ours.

Morgan traversa la salle de danse dans toute sa longueur et se dirigea vers un petit salon situé de l'autre côté du vestiaire.

Ses trois compagnons, Montbar, Adler et d'Assas l'y attendaient déjà.

Avec eux se trouvait un jeune homme portant le costume d'un courrier de cabinet à la livrée du gouvernement, c'est-à-dire à l'habit vert et or.

Il avait les grosses bottes poudreuses, la casquette-visière et le sac de dépêches qui constituent le harnachement essentiel d'un courrier de cabinet.

Une carte de Cassini, sur laquelle on pouvait relever jusqu'aux moindres sinuosités de terrain, était étendue sur une table.

Avant de dire ce que faisait là ce courrier et dans quel but était étendue cette carte, jetons un coup d'œil sur les trois nouveaux personnages dont les noms venaient de retentir dans la salle de bal, et qui sont destinés à jouer un rôle important dans la suite de cette histoire.

Le lecteur connaît déjà Morgan, l'Achille et le Pâris tout à la fois de cette étrange association. Morgan, avec ses yeux bleus, ses cheveux noirs, sa taille haute et bien prise, sa tournure gracieuse, vive et svelte; son œil, qu'on n'avait jamais vu sans un regard animé; sa bouche aux lèvres fraîches et aux dents blanches, qu'on n'avait jamais vue sans un sourire; sa physionomie si remarquable, composée d'un mélange d'éléments qui semblaient étrangers les uns aux autres, et sur laquelle on retrouvait tout à la fois la force et la tendresse, la douceur et l'énergie, et tout cela mêlé à l'étourdissante expression d'une gaîté qui devenait effrayante parfois lorsqu'on songeait que cet homme côtoyait éternellement la mort, et la plus effrayante de toutes les morts, celle de l'échafaud.

Quant à d'Assas, c'était un homme de trente-cinq à trente-huit ans, aux cheveux touffus et grisonnants, mais aux sourcils et aux moustaches d'un noir d'ébène; pour ses yeux, ils étaient de cette admirable nuance des yeux indiens tirant sur le marron. C'était un ancien capitaine de dragons, admirablement bâti pour la lutte physique et morale, dont les muscles indiquaient la force, et la physionomie l'entêtement. Au reste, d'une tournure noble, d'une grande élégance de manières, parfumé comme un petit-maître, et respirant par manie ou par manière de volupté, soit un flacon de sels anglais, soit une cassolette de vermeil, contenant les parfums les plus subtils.

Montbar et Adler, dont on ne connaissait pas plus les véritables noms que l'on ne connaissait ceux de d'Assas et de Morgan, étaient généralement appelés dans la compagnie *les inséparables*. Figurez-vous Damon et Pythias, Euryale et Nisus, Oreste et Pylade à vingt-deux ans; l'un joyeux, loquace, bruyant; l'autre triste, silencieux, rêveur; partageant tout, dangers, argent, maîtresses; se complétant l'un par l'autre, atteignant à eux dans les limites de tous les extrêmes ; chacun dans le péril s'oubliant lui-même pour veiller sur l'autre, comme les jeunes Spartiates du bataillon sacré, et vous aurez une idée de Montbar et d'Adler.

Il va sans dire que tous trois étaient compagnons de Jéhu.

Ils étaient convoqués, comme s'en était douté Morgan, pour affaire de la compagnie.

Morgan, en entrant, alla droit au faux courrier et lui serra la main.

— Ah! ce cher ami! dit celui-ci avec

un mouvement de l'arrière-train, indiquant qu'on ne fait pas impunément, si bon cavalier que l'on soit, une cinquantaine de lieues à franc étrier sur des bidets de poste; vous vous la passez douce, vous autres Parisiens, et, relativement à vous, Annibal à Capoue était sur des ronces et des épines! Je n'ai fait que jeter un coup d'œil sur la salle de bal, en passant, comme doit faire un pauvre courrier de cabinet portant les dépêches du général Masséna au citoyen premier consul; mais vous avez là, il me semble, un choix de victimes parfaitement entendu; seulement, mes pauvres amis, il faut pour le moment dire adieu à tout cela; c'est désagréable, c'est malheureux, c'est désespérant, mais la maison Jehu avant tout.

— Mon cher Hastier, dit Morgan.

— Holà! dit Hastier, pas de noms propres, s'il vous plaît, messieurs. La famille Hastier est une honnête famille de Lyon, faisant négoce, comme on dit, place des Terreaux, de père en fils, et qui serait fort humiliée d'apprendre que son héritier s'est fait courrier de cabinet, et court les grands chemins avec la besace nationale sur le dos. Lecoq, tant que vous voudrez; mais Hastier point; je ne connais pas Hastier. Et vous, messieurs, continua le jeune homme s'adressant à Montbar, à Adler et à d'Assas, le connaissez-vous?

— Non, répondirent les trois jeunes gens, et nous demandons pardon pour Morgan, qui a fait erreur.

— Mon cher Lecoq, fit Morgan.

— A la bonne heure, interrompit Hastier, je réponds à ce nom-là. Eh bien, voyons, que voulais-tu me dire ?

— Je voulais te dire que si tu n'étais pas l'antipode du dieu Harpocrate, que les Égyptiens représentaient un doigt sur la bouche, au lieu de te jeter dans une foule de divagations plus ou moins fleuries, nous saurions déjà pourquoi ce costume et pourquoi cette carte ?

— Eh ! pardieu ! si tu ne le sais pas encore, reprit le jeune homme, c'est ta faute et non la mienne. S'il n'avait point fallu t'appeler deux fois, perdu que tu étais probablement avec quelque belle Euménide, demandant, à un beau jeune homme vivant, vengeance pour de vieux parents morts, tu serais aussi avancé que ces messieurs, et je ne serais pas obligé de bisser ma cavatine. Voici ce que c'est : il s'agit tout simplement d'un reste du trésor des ours de Berne, que, par ordre du général Masséna, le général Lecourbe a expédié au citoyen premier consul. Une misère, cent mille francs, qu'on n'ose faire passer par le Jura, à cause des partisans de M. de Teysonnet, qui seraient, à ce que l'on prétend, gens à s'en emparer, et que l'on expédie par Genève, Bourg, Mâcon, Dijon et Troyes, route bien autrement sûre, comme on s'en apercevra au passage.

— Très bien !

— Nous avons été avisés de la nouvelle par Renard, qui est parti de Gex à franc étrier, et qui l'a transmise à l'Hirondelle, pour le moment en station à Châlons-sur-Saône, lequel ou laquelle l'a transmise à Auxerre, à moi, Lecoq, lequel vient de faire quarante-cinq lieues pour vous la transmettre à son tour. Quant aux détails secondaires, les voici. Le trésor est parti de Berne octodi dernier, 28 nivôse an VIII de la République triple et divisible. Il doit arriver aujourd'hui duodi à Genève ; il en partira demain tridi avec la diligence de Genève à Bourg ; de sorte qu'en partant cette nuit même, après-demain quintidi, vous pouvez, mes chers fils d'Israël, rencontrer le trésor de MM. les ours entre Dijon et Troyes, vers Bar-sur-Seine ou Châtillon. Qu'en dites-vous?

— Pardieu! fit Morgan, ce que nous en disons, il me semble qu'il n'y a pas de discussion là-dessus ; nous disons que jamais nous ne nous serions permis de toucher à l'argent de messeigneurs les ours de Berne tant qu'il ne serait pas sorti des coffres de leurs seigneuries ; mais que, du moment où il a changé de destination une première fois, je ne vois aucun inconvénient à ce qu'il en change une seconde. Seulement, comment allons-nous partir ?

— N'avez-vous donc pas la chaise de poste?

— Si fait, elle est ici, sous la remise.

— N'avez-vous pas des chevaux pour vous conduire jusqu'à la prochaine poste?

— Ils sont à l'écurie.

— N'avez-vous pas chacun votre passe-port?

— Nous en avons chacun quatre.

— Eh bien?

— Eh bien, nous ne pouvons pas arrêter la diligence en chaise de poste ; nous ne nous gênons guère, mais nous ne prenons pas encore nos aises à ce point-là.

— Bon! pourquoi pas? dit Montbar ; ce

serait original. Je ne vois pas pourquoi, puisqu'on prend un bâtiment à l'abordage avec une barque, on ne prendrait pas aussi une diligence à l'abordage avec une chaise de poste ; cela nous manque comme fantaisie ; en essayons-nous, Adler ?

— Je ne demanderais pas mieux, répondit celui-ci ; mais le postillon, qu'en feras-tu ?

— C'est juste, répondit Montbar.

— Le cas est prévu, mes enfants, dit le courrier ; on a expédié une estafette à Troyes : vous laisserez votre chaise de poste chez Delbauce ; vous y trouverez quatre chevaux tout sellés qui regorgeront d'avoine; vous calculerez votre temps, et, après-demain, ou plutôt demain, car minuit est sonné, demain, entre sept ou huit heures du matin, l'argent de MM. les ours passera un mauvais quart d'heure.

— Allons-nous changer de costume? demanda d'Assas.

— Pourquoi faire? dit Morgan; il me semble que nous sommes fort présentables comme nous voici : jamais diligence n'aura été soulagée d'un poids incommode par des gens mieux vêtus. Jetons un dernier coup d'œil sur la carte, faisons apporter du buffet dans les coffres de la voiture un pâté, une volaille froide et une douzaine de bouteilles de vin de Champagne, armons-nous à l'arsenal, enveloppons-nous dans de bons manteaux, et fouette cocher?

— Tiens, dit Montbar, c'est une idée, cela.

— Je crois bien, continua Morgan ; nous crèverons les chevaux s'il le faut ; nous serons de retour ici à sept heures du soir, et nous nous montrerons à l'Opéra.

— Ce qui établira un alibi, dit d'Assas.

— Justement, continua Morgan avec son inaltérable gaîté ; le moyen d'admettre que des gens qui applaudissent mademoiselle Clotilde et M. Vestris à huit heures du soir, étaient occupés le matin, entre

Bar et Châtillon, à régler leurs comptes avec le conducteur d'une diligence. Voyons, mes enfants, un coup d'œil sur la carte, afin de choisir notre endroit.

Les quatre jeunes gens se penchèrent sur l'œuvre de Cassini.

— Si j'avais un conseil topographique à vous donner, dit le courrier, ce serait de vous embusquer un peu en deçà de Massu ; il y a un gué en face des Riceys... tenez, là !

Et le jeune homme indiqua le point précis sur la carte.

— Je gagnerais Chaource, que voilà ;

de Chaource, vous avez une route départementale, droite comme un I, qui vous conduit à Troyes ; à Troyes, vous retrouvez votre voiture, vous prenez la route de Sens au lieu de celle de Coulommiers ; les badauds, — il y en a même en province, — qui vous ont vu passer la veille, ne s'étonnent pas de vous voir repasser le lendemain ; vous êtes à l'Opéra à dix heures, au lieu d'y être à huit, ce qui est de bien meilleur ton, — et ni vu ni connu, je t'embrouille.

— Adopté pour mon compte, dit Morgan.

—Adopté ! répétèrent en chœur les trois autres jeunes gens.

Morgan tira une des deux montres dont les chaînes se balançaient à sa ceinture; c'était un chef-d'œuvre de Petitot comme émail, et sur la double boîte qui protégeait la peinture était un chiffre en diamants. La filiation de ce merveilleux bijou était établie comme celle d'un cheval arabe : elle avait été faite pour Marie-Antoinette, qui l'avait donnée à la duchesse de Polastron, laquelle l'avait donnée à la mère de Morgan.

— Une heure du matin, dit Morgan; allons, messieurs, il faut qu'à trois heures nous relayions à Lagny.

A partir de ce moment, l'expédition

était commencée, Morgan devenait le chef ; il ne consultait plus, il ordonnait.

D'Assas, — qui en son absence commandait, — lui présent, obéissait tout le premier.

Une demi-heure après, une voiture enfermant quatre jeunes gens enveloppés de leurs manteaux était arrêtée à la barrière de Fontainebleau par le chef du poste qui demandait les passe-ports.

— Oh ! la bonne plaisanterie ! fit l'un d'eux en passant sa tête par la portière et en affectant l'accent à la mode ; il faut donc des passe-ports pour *sasser* à Grosbois, chez le citoyen *Baas?* Ma *paole* d'honneur *panachée*, vous êtes fou, mon *ché hami!* Allons, fouette, cocher!

Le cocher fouetta et la voiture passa sans autre difficulté.

IV

En famille.

Laissons nos quatre *chasseurs* gagner Lagny, où, grâce aux passe-ports qu'ils doivent à la complaisance des employés du citoyen Fouché, ils troqueront leurs chevaux de maître contre des chevaux de poste, et leur cocher contre un postillon, et voyons pourquoi le premier consul avait fait demander Roland.

Roland s'était empressé, en quittant Morgan, de se rendre aux ordres de son général.

Il avait trouvé celui-ci debout et pensif devant la cheminée.

Au bruit qu'il avait fait en entrant, le général Bonaparte avait levé la tête.

— Que vous êtes-vous dit tous les deux ? demanda Bonaparte sans préambule, et se fiant à l'habitude que Roland avait de répondre à sa pensée.

— Mais, dit Roland, nous nous sommes fait toute sorte de compliments... et nous nous sommes quittés les meilleurs amis du monde.

— Quel effet te fait-il ?

— L'effet d'un homme parfaitement élevé.

— Quel âge lui donnes-tu ?

— Mon âge, tout au plus.

— Oui, c'est bien cela ; la voix est jeune. Ah çà, Roland, est-ce que je me tromperais ? est-ce qu'il y aurait une jeune génération royaliste ?

— Eh ! mon général, répondit Roland

avec un mouvement d'épaules, c'est un reste de la vieille.

— Eh bien, Roland, il faut en faire une autre qui soit dévouée à mon fils, si jamais j'ai un fils.

Roland fit un geste qui pouvait se traduire par ces mots : « Je ne m'y oppose pas. »

Bonaparte comprit parfaitement le geste.

— Ce n'est pas le tout que tu ne t'y opposes pas, dit-il, il faut y contribuer.

Un frissonnement nerveux passa par le corps de Roland.

— Et comment cela, général? demanda-t-il.

— En te mariant.

Roland éclata de rire.

— Bon! avec mon anévrisme? dit-il.

Bonaparte le regarda.

— Mon cher Roland, dit-il, ton anévrisme m'a bien l'air d'un prétexte pour rester garçon.

— Vous croyez?

— Oui; et, comme je suis un homme moral, je veux qu'on se marie.

— Avec cela que je suis immoral, moi, répondit Roland, et que je cause du scandale avec mes maîtresses !

—Auguste, reprit Bonaparte, avait rendu des lois contre les célibataires; il les privait de leurs droits de citoyens romains.

— Auguste...

— Eh bien ?

— J'attendrai que vous soyez Auguste ; vous n'êtes encore que César.

Bonaparte s'approcha du jeune homme :

— Il y a des noms, mon cher Roland, dit-il en lui posant la main sur l'épaule, que je ne veux pas voir s'éteindre, et le nom de Montrevel est de ceux-là.

—Eh bien, général, est-ce qu'à mon défaut, et en supppoant que, par un caprice, une fantaisie, un entêtement, je me refuse à le perpétuer, est-ce qu'il n'y a pas mon frère?

— Comment! ton frère? tu as donc un frère?

—Mais oui, j'ai un frère! pourquoi donc n'aurais-je pas un frère?

— Quel âge a-t-il?

— Onze à douze ans.

— Pourquoi ne m'as-tu jamais parlé de lui?

— Parce que j'ai pensé que les faits et gestes d'un gamin de cet âge-là ne vous intéresseraient pas beaucoup.

— Tu te trompes, Roland : je m'intéresse à tout ce qui touche mes amis; il fallait me demander quelque chose pour ce frère.

— Quoi, général?

— Son admission dans un collége de Paris.

— Bah! vous avez assez de solliciteurs autour de vous sans que j'en grossisse le nombre.

— Tu entends, il faut qu'il vienne dans un collége de Paris; quand il aura l'âge, je le ferai entrer à l'École militaire ou à quelque autre école que je fonderai d'ici là.

— Ma foi, général, répondit Roland, à l'heure qu'il est, comme si j'eusse deviné vos bonnes intentions à son égard, il est en route ou bien près de s'y mettre.

— Comment cela?

— J'ai écrit, il y a trois jours, à ma mère d'amener l'enfant à Paris; je comptais lui choisir un collége sans vous en rien dire, et, quand il aurait l'âge, vous en parler... en supposant toutefois que mon anévrisme ne m'ait pas enlevé d'ici là. Mais, dans ce cas..

— Dans ce cas?

— Dans ce cas, je laissais un bout de testament à votre adresse, qui vous recommandait la mère, le fils et la fille, tout le bataclan.

— Comment, la fille?

— Oui, ma sœur.

— Tu as donc aussi une sœur?

— Parfaitement.

— Quel âge?

— Dix-sept ans.

— Jolie?

— Charmante!

— Je me charge de son établissement.

Roland se mit à rire.

— Qu'as-tu? lui demanda le premier consul.

— Je dis, général, que je vais faire mettre un écriteau au-dessus de la grande porte du Luxembourg.

— Et sur cet écriteau?

— *Bureau de mariages.*

— Ah çà! mais si tu ne veux pas te marier, toi, ce n'est point une raison pour que ta sœur reste fille. Je n'aime pas plus les vieilles filles que les vieux garçons.

— Je ne vous dis pas, mon général, que ma sœur restera vieille fille ; c'est bien assez qu'un membre de la famille Montrevel encoure votre mécontentement.

— Eh bien, alors, que me dis-tu ?

— Je vous dis que, si vous le voulez bien, comme la chose la regarde, nous la consulterons là-dessus.

— Ah ! ah ! y aurait-il quelque passion de province ?

— Je ne dirais pas non ! J'avais quitté la pauvre Amélie fraîche et souriante, je l'ai retrouvée pâle et triste. Je tirerai tout cela au clair avec elle ; et, puisque vous voulez que je vous en reparle, eh bien, je vous en reparlerai.

— Oui, à ton retour de la Vendée ; c'est cela.

— Ah ! je vais donc en Vendée ?

— Est-ce comme pour le mariage ? as-tu des répugnances ?

— Aucunement.

— Eh bien, alors, tu vas en Vendée.

— Quand cela ?

— Oh! rien ne presse et, pourvu que tu partes demain matin...

— A merveille! plus tôt si vous voulez; dites-moi ce que j'y vais faire.

— Une chose de la plus haute importance, Roland.

— Diable! ce n'est pas une mission diplomatique, je présume.

— Si, c'est une mission diplomatique pour laquelle j'ai besoin d'un homme qui ne soit pas diplomate.

— Oh! général, comme je fais votre affaire! Seulement, vous comprenez, moins je suis diplomate, plus il me faut des instructions précises.

— Aussi vais-je te les donner. Tiens, vois-tu cette carte?

Et il montra au jeune homme une grande carte du Piémont étendue à terre et éclairée par une lampe suspendue au plafond.

— Oui, je la vois, répondit Roland, habitué à suivre son général dans tous les bonds inattendus de son génie ; seulement, c'est une carte du Piémont.

— Oui, c'est une carte du Piémont.

— Ah ! il est donc question de l'Italie ?

— Il est toujours question de l'Italie.

— Je croyais qu'il s'agissait de la Vendée ?

— Secondairement.

— Ah çà, général, vous n'allez pas m'envoyer dans la Vendée et vous en aller en Italie, vous?

— Non, sois tranquille.

— A la bonne heure! je vous préviens que, dans ce cas-là, je déserte et vais vous rejoindre.

— Je te le permets; mais revenons à Mélas.

— Pardon, général, c'est la première fois que nous en parlons.

— Oui; mais il y a longtemps que j'y pense. Sais-tu où je bats Mélas?

— Parbleu!

— Où cela ?

— Où vous le rencontrerez.

Bonaparte se mit à rire.

— Niais ! dit-il avec la plus intime familiarité.

Puis, se couchant sur la carte :

— Viens ici, dit-il à Roland.

Roland se coucha près de lui.

— Tiens, reprit Bonaparte, voilà où je le bats.

— Près d'Alexandrie ?

— A deux ou trois lieues. Il a à Alexandrie ses magasins, ses hôpitaux, son artillerie, ses réserves ; il ne s'en éloignera pas. Il faut que je frappe un grand coup, je n'obtiendrai la paix qu'à cette condition. Je passe les Alpes, — il montra le grand Saint-Bernard, — je tombe sur Mélas au moment où il s'y attend le moins, et je le bats à plate couture.

— Oh ! je m'en rapporte bien à vous pour cela.

— Mais, tu comprends, pour que je m'éloigne tranquille, Roland, pas d'inflammation d'entrailles, c'est-à-dire pas de Vendée derrière moi.

— Ah ! voilà votre affaire : pas de Vendée ! et vous m'envoyez en Vendée pour que je supprime la Vendée.

— Ce jeune homme m'a dit de la Vendée des choses très graves. Ce sont de braves soldats que ces Vendéens conduits par un homme de tête ; il y a Georges Cadoudal surtout... Je lui ai fait offrir un régiment, qu'il n'acceptera pas.

— Peste ! il est bien dégoûté.

— Mais il y a une chose dont il ne se doute point.

— Qui, Cadoudal?

— Cadoudal. C'est que l'abbé Bernier m'a fait des ouvertures.

— L'abbé Bernier ?

— Oui.

— Qu'est-ce que c'est que cela, l'abbé Bernier ?

— C'est le fils d'un paysan de l'Anjou, qui peut avoir aujourd'hui de trente-trois à trente-quatre ans, qui était curé de Saint-Laud à Angers lors de l'insurrection, qui a refusé le serment, et qui s'est jeté parmi les Vendéens. Deux ou trois fois la Vendée a été pacifiée, une ou deux fois on l'a crue morte. On se trompait : la Vendée était pacifiée ; mais l'abbé Bernier n'avait pas signé la paix ; la Vendée était morte, mais l'abbé Bernier était vivant. Un jour, la Vendée fut ingrate envers lui : il voulait être nommé agent général de toutes les armées royalistes de l'intérieur; Stofflet pesa sur la décision et fit nommer le comte Colbert de Maulevrier, son ancien maître. A deux heures du matin, le conseil s'était séparé, l'abbé Bernier avait disparu. Ce qu'il fit, cette nuit-là, Dieu et lui pourraient seuls le dire ; mais, à quatre heures du matin, un détachement républicain entourait la métairie où dormait Stofflet désarmé et sans défense. A quatre heures et demie, Stofflet était pris; huit jours après, il était exécuté à Angers... Le lendemain, d'Autichamp prenait le commandement en chef, et, le même jour, afin de ne pas tomber dans la même faute que son prédécesseur Stofflet, il nommait l'abbé Bernier agent général... Y es-tu?

— Parfaitement !

— Eh bien, l'abbé Bernier, agent général des puissances belligérantes, fondé des pleins pouvoirs du comte d'Artois, l'abbé Bernier m'a fait faire des ouvertures.

— A vous, à Bonaparte, premier consul, il daigne...? Savez-vous que c'est très bien de la part de l'abbé Bernier? Et vous acceptez les ouvertures de l'abbé Bernier?

— Oui, Roland; que la Vendée me donne la paix, je lui rouvre ses églises, je lui rends ses prêtres.

— Et s'ils chantent le *Domine, salvum fac regem?*

— Cela vaut encore mieux que de ne rien chanter du tout. Dieu est tout-puissant et décidera. La mission te convient-elle, maintenant que je te l'ai expliquée?

— A merveille!

— Eh bien, voilà une lettre pour le général Hédouville. Il traitera avec l'abbé Bernier, comme général en chef de l'armée de l'Ouest; mais tu assisteras à toutes les conférences : lui ne sera que ma parole toi, tu es ma pensée. Maintenant, pars le plustôt possible; plus tôt tu reviendras, plus tôt Mélas sera battu.

— Général, je vous demande le temps d'écrire à ma mère, voilà tout.

— Où doit-elle descendre ?

— *Hôtel des Ambassadeurs.*

— Quand crois-tu qu'elle arrive ?

— Nous sommes dans la nuit du 21 au 22 janvier ; elle arrivera le 23 au soir ou le 24 au matin.

— Et elle descend *Hôtel des Ambassadeurs?*

— Oui, général.

— Je me charge de tout.

— Comment! vous vous chargez de tout?

— Certainement! ta mère ne peut pas rester à l'hôtel.

— Où voulez-vous donc qu'elle reste?

— Chez un ami.

— Elle ne connaît personne à Paris.

— Je vous demande bien pardon, monsieur Roland : elle connaît le citoyen Bonaparte, premier consul, et la citoyenne Joséphine, sa femme.

— Vous n'allez pas loger ma mère au

Luxembourg, général; je vous préviens que cela la gênerait beaucoup.

— Non; mais je la logerai rue de la Victoire.

— Oh! général!

— Allons! allons! c'est décidé. Pars et reviens le plus vite possible.

Roland prit la main du premier consul pour la baiser; mais Bonaparte, l'attirant vivement à lui :

— Embrasse-moi, mon cher Roland, lui dit-il, et bonne chance.

Deux heures après, Roland roulait en chaise de poste sur la route d'Orléans.

Le lendemain, à neuf heures du matin, il entrait à Nantes après trente-trois heures de voyage.

V

La diligence de Genève.

A l'heure à peu près où Roland entrait à Nantes, une diligence pesamment chargée s'arrêtait à l'auberge de la *Croix-d'or* au milieu de la grande rue de Châtillon-sur-Seine.

Les diligences se composaient, à cette époque, de deux compartiments seulement, le coupé et l'intérieur.

La rotonde est une adjonction d'invention moderne.

La diligence à peine arrêtée, le postillon mit pied à terre et ouvrit les portières.

La voiture éventrée donna passage aux voyageurs.

Ces voyageurs, voyageuses comprises, atteignaient en tout au chiffre de sept personnes.

Dans l'intérieur, trois hommes, deux femmes et un enfant à la mamelle.

Dans le coupé, une mère et son fils.

Les trois hommes de l'intérieur étaient, l'un un médecin de Troyes, l'autre un horloger de Genève, le troisième un architecte de Bourg.

Les deux femmes étaient, l'une une femme de chambre qui allait rejoindre sa maîtresse à Paris, l'autre une nourrice.— L'enfant était le nourrisson de cette dernière : elle le ramenait à ses parents.

La mère et le fils du coupé étaient, la mère une femme d'une quarantaine d'années, gardant les traces d'une grande beauté, et le fils un enfant de onze à douze ans.

La troisième place du coupé était occupée par le conducteur.

Le déjeûner était préparé, comme d'habitude, dans la grande salle de l'hôtel ; un de ces déjeûners que le conducteur, d'accord sans doute avec l'hôte, ne laissent jamais aux voyageurs le temps de manger.

La femme et la nourrice descendirent pour aller chez le boulanger y prendre chacune un petit pain chaud, auquel la nourrice joignit un saucisson à l'ail, et toutes deux remontèrent dans la voiture, où elles s'établirent tranquillement pour déjeûner, s'épargnant ainsi les frais, sans doute trop considérables pour leur budget, du déjeûner de l'hôtel.

Le médecin, l'architecte, l'horloger, la mère et son fils entrèrent à l'auberge, et, après s'être rapidement chauffés en passant à la grande cheminée de la cuisine, entrèrent dans la salle à manger et se mirent à table.

La mère se contenta d'une tasse de café à la crème et de quelques fruits.

L'enfant, enchanté de constater qu'il était un homme, par l'appétit du moins, attaqua bravement le déjeûner à la fourchette.

Le premier moment fut, comme toujours, donné à l'apaisement de la faim.

L'horloger de Genève prit le premier la parole.

— Ma foi! citoyen, dit-il (dans les endroits publics on s'appelait encore citoyen), je vous avouerai franchement que je n'ai aucunement été fâché ce matin quand j'ai vu venir le jour.

— Monsieur, ne dort pas en voiture? demanda le médecin.

— Si fait, monsieur, répondit le compatriote de Jean-Jacques ; d'habitude, au contraire, je ne fais qu'un somme ; mais l'inquiétude a été plus forte que la fatigue.

— Vous craigniez de verser? demanda l'architecte.

— Non pas, j'ai de la chance, sous ce rapport, et je crois qu'il suffit que je sois dans une voiture pour qu'elle devienne inversable ; non, ce n'est point cela encore.

— Qu'était-ce donc? demanda le médecin.

— C'est qu'on dit là-bas, à Genève, que les routes de France ne sont pas sûres.

— C'est selon, dit l'architecte.

— Ah! c'est selon, fit le Génevois.

— Oui, continua l'architecte ; ainsi, par exemple, si nous transportions avec nous de l'argent du gouvernement, nous serions bien sûrs d'être arrêtés, ou plutôt nous le serions déjà.

— Vous croyez? dit le Gènevois.

— Ça, c'est immanquable; je ne sais comment ces diables de compagnons de Jehu s'y prennent pour être si bien renseignés; mais ils n'en manquent pas une.

Le médecin fit un signe de tête affirmatif.

— Ah! ainsi, demanda le Gènévois au médecin, vous aussi, vous êtes de l'avis de monsieur?

— Entièrement.

— Et, sachant qu'il y a de l'argent du gouvernement sur la diligence, auriez-vous fait l'imprudence de vous y embarquer?

— Je vous avoue, dit le médecin, que j'y eusse regardé à deux fois.

— Et vous, monsieur? demanda le questionneur à l'architecte.

— Oh! moi, répondit celui-ci, étant appelé par une affaire très pressée, je fusse parti tout de même.

— J'ai bien envie, dit le Gènevois, de faire descendre ma valise et mes caisses et d'attendre la diligence de demain, parce que j'ai pour une vingtaine de mille francs de montres dans mes caisses; nous avons eu de la chance jusqu'aujourd'hui, mais il ne faut pas tenter Dieu.

— N'avez-vous pas entendu, monsieur,

dit la mère se mêlant à la conversation, que nous ne courions risque d'être arrêtés — ces messieurs le disent du moins — que dans le cas où nous porterions de l'argent du gouvernement?

— Eh bien, c'est justement cela, reprit l'horloger en regardant avec inquiétude tout autour de lui ; nous en avons là !

La mère pâlit légèrement en regardant son fils : avant de craindre pour elle, toute mère craint pour son enfant.

— Comment ! nous en transportons? reprirent en même temps, et d'une voix émue à des degrés différents, le médecin et l'architecte; êtes-vous sûr de ce que vous dites?

— Parfaitement sûr, monsieur.

— Alors, vous auriez dû nous le dire plus tôt, ou, nous le disant maintenant, vous deviez nous le dire tout bas.

— Mais, répéta le médecin, monsieur n'est peut-être pas bien certain de ce qu'il dit?

— Ou monsieur s'amuse peut-être? ajouta l'architecte.

— Dieu m'en garde!

— Les Gènevois aiment fort à rire, reprit le médecin.

— Monsieur, dit le Gènevois fort blessé

que l'on pût penser qu'il aimât à rire, monsieur, je l'ai vu charger devant moi.

— Quoi?

— L'argent.

— Et y en a-t-il beaucoup?

— J'ai vu passer bon nombre de sacs.

— Mais d'où vient cet argent-là?

— Il vient du trésor des ours de Berne. Vous n'êtes pas sans savoir, messieurs, que les ours de Berne ont eu jusqu'à cinquante et même soixante mille livres de rente.

Le médecin éclata de rire.

— Décidément, dit-il, monsieur nous fait peur.

— Messieurs, dit l'horloger, je vous donne ma parole d'honneur.

— En voiture, messieurs! cria le conducteur ouvrant la porte; en voiture! nous sommes en retard de trois quarts d'heure.

— Un instant, conducteur, un instant, dit l'architecte; nous nous consultons.

— Sur quoi?

— Fermez donc la porte, conducteur, et venez ici.

— Buvez donc un verre de vin avec nous, conducteur.

— Avec plaisir, messieurs, dit le conducteur ; un verre de vin, cela ne se refuse pas.

Le conducteur tendit son verre ; les trois voyageurs trinquèrent avec lui.

Au moment où il allait porter le verre à sa bouche, le médecin lui arrêta le bras.

— Voyons, conducteur, franchement, est-ce que c'est vrai ?

— Quoi ?

— Ce que nous dit monsieur.

Et il montra le Gènevois.

— Monsieur Féraud?

— Je ne sais pas si monsieur s'appelle M. Féraud.

— Oui, monsieur, c'est mon nom, pour vous servir, dit le Gènevois en s'inclinant, Féraud et compagnie, horlogers, rue du Rempart, n° 6, à Genève.

— Messieurs, dit le conducteur, en voiture!

— Mais vous ne nous répondez pas.

— Que diable voulez-vous que je vous réponde? vous ne me demandez rien.

— Si fait, nous vous demandons s'il est vrai que vous transportez dans votre diligence une somme considérable appartenant au gouvernement français ?

— Bavard! dit le conducteur à l'horloger ; c'est vous qui avez dit cela ?

— Dame, mon cher monsieur...

— Allons, messieurs, en voiture !

— Mais c'est qu'avant de remonter, nous voudrions savoir...

— Quoi? si j'ai de l'argent au gouvernement? Oui, j'en ai ; maintenant, si nous sommes arrêtés, ne soufflez pas mot, et tout se passera à merveille.

— Vous êtes sûr?

— Laissez-moi arranger l'affaire avec ces messieurs.

— Que ferez-vous si l'on nous arrête? demanda le médecin à l'architecte.

— Ma foi! je suivrai le conseil du conducteur.

— C'est ce que vous avez de mieux à faire, reprit celui-ci.

— Alors, je me tiendrai tranquille, dit l'architecte.

— Et moi aussi, dit l'horloger.

— Allons, messieurs, en voiture, dépêchons-nous.

L'enfant avait écouté toute cette conversation le sourcil contracté, les dents serrées.

— Eh bien, moi, dit-il à sa mère, si nous sommes arrêtés, je sais bien ce que je ferai.

— Et que feras-tu? demanda celle-ci.

— Tu verras.

— Que dit ce jeune enfant? demanda l'horloger.

— Je dis que vous êtes tous des poltrons, répondit l'enfant sans hésiter.

— Eh bien, Édouard! fit la mère, qu'est-ce que cela?

— Je voudrais qu'on arrêtât la diligence, moi, dit l'enfant l'œil étincelant de volonté.

— Allons, allons, messieurs, au nom du ciel! en diligence, s'écria pour la dernière fois le conducteur.

— Conducteur, dit le médecin, je présume que vous n'avez pas d'armes.

— Si fait, j'ai des pistolets.

— Malheureux!

Le conducteur se pencha à son oreille, et, tout bas :

— Soyez tranquille, docteur, ils ne sont chargés qu'à poudre.

— A la bonne heure.

Et il ferma la portière de l'intérieur.

— Allons, postillon, en route!

Et, tandis que le postillon fouettait ses chevaux et que la lourde machine s'ébranlait, il referma la portière du coupé.

— Ne montez-vous pas avec nous, conducteur? demanda la mère.

— Merci, madame de Montrevel, répondit le conducteur, j'ai affaire sur l'impériale.

Puis, en passant devant l'ouverture du carreau :

— Prenez garde, dit-il, que M. Édouard ne touche aux pistolets qui sont dans la poche, il pourrait se blesser.

— Bon! dit l'enfant, comme si l'on ne savait pas ce que c'est que des pistolets ; j'en ai de plus beaux que les vôtres, allez, que mon ami sir John m'a fait venir d'Angleterre ; n'est-ce pas, maman ?

— N'importe, dit madame de Montrevel ; je t'en prie, Édouard, ne touche à rien.

— Oh! sois tranquille, petite mère.

Seulement, il répéta à demi-voix

— C'est égal, si les compagnons de Jehu nous arrêtent, je sais bien ce que je ferai, moi.

La diligence avait repris sa marche pesante et roulait vers Paris.

Il faisait une de ces belles journées d'hiver qui font comprendre à ceux qui croient la nature morte que la nature ne meurt pas, mais dort seulement. L'homme qui vit soixante-dix ou quatre-vingts ans, dans ses longues années, a des nuits de dix à douze heures et se plaint que la longueur de ses nuits abrége encore la briéveté de ses jours ; la nature, qui a une existence infinie, les arbres qui ont une vie millénaire, ont des sommeils de cinq mois qui sont des hivers pour nous, et qui ne sont que des nuits pour eux. Les poètes chantent dans leurs vers envieux l'immortalité de la nature, qui meurt chaque automne et ressuscite chaque printemps; les poètes se trompent : la nature ne meurt pas chaque automne, elle s'endort; la nature ne ressuscite pas chaque printemps, elle se réveille. Le jour où notre globe mourra réellement, il sera bien mort, et alors il roulera dans l'espace, ou tombera dans les abîmes du chaos, inerte, muet, solitaire, sans arbres, sans fleurs, sans verdure, sans poètes.

Or, par cette belle journée du 23 février 1800, la nature endormie semblait rêver du printemps; un soleil brillant, presque joyeux, faisait étinceler sur l'herbe du double fossé qui accompagnait la route dans toute sa longueur, ces trompeuses perles de givre qui fondent aux doigts des enfants, et qui réjouissent l'œil du laboureur lorsqu'elles tremblent à la pointe de ses blés sortant bravement de terre. On avait ouvert les vitres de la diligence, pour donner passage à ce précoce sourire de Dieu, et l'on disait au rayon depuis si longtemps absent : Sois le bienvenu, voyageur que nous avions cru perdu dans les profonds nuages de l'ouest, ou dans les vagues tumultueuses de l'Océan !

Tout à coup, et après avoir roulé une

heure à peu près depuis Châtillon, en arrivant à un coude de la rivière, la voiture s'arrêta sans obstacle apparent ; seulement, quatre cavaliers s'avançaient tranquillement au pas de leurs chevaux, et l'un d'eux, qui marchait deux ou trois pas en avant des autres, avait fait de la main, au postillon, signe de s'arrêter.

Le postillon avait obéi.

— Oh! maman, dit le petit Édouard, qui, debout malgré les recommandations de madame de Montrevel, regardait par l'ouverture de la vitre baissée ; ah! maman, les beaux chevaux! mais pourquoi donc les cavaliers ont-ils un masque? nous ne sommes point en carnaval.

Madame de Montrevel rêvait; une femme rêve toujours un peu : jeune, à l'avenir; vieille, au passé.

Elle sortit de sa rêverie, avança à son tour la tête hors de la diligence, et poussa un cri.

Édouard se retourna vivement.

— Qu'as-tu donc, mère? lui demanda-t-il.

Madame de Montrevel, pâlissant, le prit dans ses bras sans lui répondre.

On entendait des cris de terreur dans l'intérieur de la diligence.

— Mais qu'y a-t-il donc? demandait le petit Édouard en se débattant dans la chaîne passée à son cou par le bras de sa mère.

— Il y a, mon petit ami, dit d'une voix pleine de douceur un des hommes masqués en passant sa tête dans le coupé, que nous avons à régler avec le conducteur un compte qui ne regarde en rien MM. les voyageurs ; dites donc à madame votre mère de vouloir bien agréer l'hommage de nos respects et de ne pas faire plus d'attention à nous que si nous n'étions pas là.

Puis, passant à l'intérieur :

— Messieurs, votre serviteur, dit-il; ne

craignez rien pour votre bourse ou pour vos bijoux, et rassurez la nourrice ; nous ne sommes pas venus pour faire tourner son lait.

Puis au conducteur :

— Allons! père Jérôme, nous avons une centaine de mille francs sur l'impériale et dans les coffres, n'est-ce pas?

— Messieurs, je vous assure...

— L'argent est au gouvernement, il appartient au trésor des ours de Berne; soixante-dix mille francs sont en or, le reste en argent; l'argent est sur la voiture, l'or dans le coffre du coupé; est-ce cela, et sommes-nous bien renseignés?

A ces mots, *dans le coffre du coupé*, madame de Montrevel poussa un second cri de terreur ; elle allait se trouver en contact immédiat avec ces hommes qui, malgré leur politesse, lui inspiraient une profonde terreur.

— Mais qu'as-tu donc, mère? qu'as-tu donc? demandait l'enfant avec impatience.

— Tais-toi, Édouard, tais-toi.

— Pourquoi me taire?

— Ne comprends-tu pas?

— Non.

— La diligence est arrêtée.

— Pourquoi? mais dis donc pourquoi?... Ah! mère, je comprends.

— Non, non, dit madame de Montrevel, tu ne comprends pas.

— Ces messieurs, ce sont des voleurs.

— Garde-toi bien de dire cela.

— Comment! ce ne sont pas des voleurs? les voilà qui prennent l'argent du conducteur.

En effet, l'un d'eux chargeait sur la croupe de son cheval les sacs d'argent que le conducteur lui jetait de dessus l'impériale.

— Non, dit madame de Montrevel, non, ce ne sont pas des voleurs.

Puis, baissant la voix :

— Ce sont *des compagnons de Jehu*.

— Ah ! dit l'enfant, ce sont donc ceux-là qui ont assassiné mon ami sir John ?

Et l'enfant devint très pâle à son tour, et sa respiration commença de siffler entre ses dents serrées.

En ce moment, un des hommes masqués ouvrit la portière du coupé, et avec la plus exquise politesse :

— Madame la comtesse, dit-il, à

grand regret, nous sommes forcés de vous déranger; mais nous avons, ou plutôt le conducteur a affaire dans le coffre de son coupé ; soyez donc assez bonne pour mettre un instant pied à terre ; Jérôme fera la chose aussi vite que possible.

Puis, avec un accent de gaîté qui n'était jamais complètement absent de cette voix rieuse :

— N'est-ce pas, Jérôme ? dit-il.

Jérôme répondit du haut de la diligence, confirmant les paroles de son interlocuteur.

Par un mouvement instinctif, et pour se mettre entre le danger et son fils, s'il y 'avait danger, madame de Montrevel, tout en obéissant à l'invitation, avait fait passer Édouard derrière elle.

Cet instant avait suffi à l'enfant pour s'emparer des pistolets du conducteur.

Le jeune homme à la voix rieuse aida, avec les plus grands égards, madame de Montrevel à descendre, fit signe à un de ses compagnons de lui offrir le bras, et se retourna vers la voiture.

Mais, en ce moment, une double détonation se fit entendre; Édouard venait de faire feu de ses deux mains sur le compagnon de Jehu, qui disparut dans un nuage de fumée.

Madame de Montrevel jeta un cri et s'évanouit.

Plusieurs cris, expression de sentiments divers, répondirent au cri maternel.

Dans l'intérieur, ce fut un cri d'angoisse; on était bien convenu de n'opposer aucune résistance, et voilà que quelqu'un résistait.

Chez les trois autres jeunes gens, ce fut un cri de surprise; c'était la première fois qu'arrivait pareille chose.

Ils se précipitèrent vers leur camarade, qu'ils croyaient pulvérisé.

Ils le trouvèrent debout, sain et sauf, et

riant aux éclats, tandis que le conducteur, les mains jointes, s'écriait :

— Monsieur, je vous jure qu'il n'y avait pas de balles ; monsieur, je vous proteste qu'ils étaient chargés à poudre seulement.

— Pardieu ! fit le jeune homme, je le vois bien, qu'ils étaient chargés à poudre seulement ; mais la bonne intention y était... n'est-ce pas, mon petit Édouard ?

Puis, se retournant vers ses compagnons :

— Avouez, messieurs, dit-il, que voilà un charmant enfant, qui est bien le fils de son père, et le frère de son frère ; bravo, Édouard, tu seras un homme un jour !

Et, prenant l'enfant dans ses deux bras, il le baisa malgré lui sur les deux joues.

Édouard se débattait comme un démon, trouvant sans doute qu'il était humiliant d'être embrassé par un homme sur lequel il venait de tirer deux coups de pistolet.

Pendant ce temps, un des trois autres compagnons avait emporté la mère d'Édouard à quelques pas de la diligence, et l'avait couchée sur un manteau au bord d'un fossé.

Celui qui venait d'embrasser Édouard avec tant d'affection et de persistance la chercha un instant des yeux, et, l'apercevant :

— Avec tout cela, dit-il, madame de Montrevel ne revient pas à elle ; nous ne pouvons abandonner une femme dans cet état, messieurs ; conducteur, chargez-vous de M. Édouard.

Il remit l'enfant entre ses bras, et, s'adressant à l'un de ses compagnons :

— Voyons, toi, l'homme aux précautions, dit-il, est-ce que tu n'as pas sur toi quelque flacon de sels ou quelque bouteille d'eau de mélisse ?

— Tiens, répondit celui auquel il s'adressait.

Et il tira de sa poche un flacon de vinaigre anglais.

— Là! maintenant, dit le jeune homme qui paraissait le chef de la bande, termine sans moi avec maître Jérôme; moi, je me charge de porter secours à madame de Montrevel.

Il était temps, en effet; l'évanouissement de madame de Montrevel prenait peu à peu le caractère d'une attaque de nerfs : des mouvements saccadés agitaient tout son corps, et des cris sourds s'échappaient de sa poitrine.

Le jeune homme s'inclina vers elle et lui fit respirer les sels.

Madame de Montrevel rouvrit des yeux effarés, et, tout en appelant : « Édouard!

Édouard ! » d'un geste involontaire, elle fit tomber le masque de celui qui lui portait secours.

Le visage du jeune homme se trouva découvert.

Le jeune homme courtois et rieur, — nos lecteurs l'ont déjà reconnu, — c'était Morgan.

Madame de Montrevel demeura stupéfaite à l'aspect de ces beaux yeux bleus, de ce front élevé, de ces lèvres gracieuses, de ces dents blanches entr'ouvertes par un sourire.

Elle comprit qu'elle ne courait aucun danger aux mains d'un pareil homme et que rien de mal n'avait pu arriver à Édouard.

Et, traitant Morgan non pas comme le bandit qui est la cause de l'évanouissement, mais comme l'homme du monde qui porte secours à une femme évanouie :

— Oh! monsieur, dit-elle, que vous êtes bon !

Et il y avait, dans ces paroles et dans l'intonation avec laquelle elles avaient été prononcées, tout un monde de remercîments, non-seulement pour elle, mais pour son enfant.

Avec une coquetterie étrange et qui était tout entière dans son caractère chevaleresque, Morgan, au lieu de ramasser vivement son masque et de le ramener assez rapidement sur son visage pour que madame de Montrevel n'en gardât qu'un souvenir passager et confus, Morgan répondit par une salutation au compliment, laissa à sa physionomie tout le temps de produire son effet, et, passant le flacon de d'Assas aux mains de madame de Montrevel, renoua seulement alors les cordons de son masque.

Madame de Montrevel comprit cette délicatesse du jeune homme.

— Oh! monsieur, dit-elle, soyez tranquille, en quelque lieu et dans quelque situation que je vous retrouve, vous m'êtes inconnu.

— Alors, madame, dit Morgan, c'est à moi de vous remercier et de vous dire, à mon tour, que vous êtes bonne!

— Allons, messieurs les voyageurs, en voiture! dit le conducteur avec son intonation habituelle et comme si rien d'extraordinaire ne s'était passé.

— Êtes-vous tout à fait remise, madame, et avez-vous besoin encore de quelques instants? demanda Morgan; la diligence attendrait.

— Non, messieurs, c'est inutile; je vous rends grâces et me sens parfaitement bien.

Morgan présenta son bras à madame de

Montrevel, qui s'y appuya pour traverser tout le revers du chemin et pour remonter dans la diligence.

Le conducteur y avait déjà introduit le petit Édouard.

Lorsque madame de Montrevel eut repris sa place, Morgan, qui avait déjà fait la paix avec la mère, voulut la faire avec le fils.

— Sans rancune, mon jeune héros, dit-il en lui tendant la main.

Mais l'enfant se reculait.

— Je ne donne pas la main à un voleur de grande route, dit-il.

Madame de Montrevel fit un mouvement d'effroi.

— Vous avez un charmant enfant, madame, dit Morgan ; seulement, il a des préjugés.

Et, saluant avec la plus grande courtoisie :

— Bon voyage, madame! ajouta-t-il en refermant la portière.

— En route! cria le conducteur.

La voiture s'ébranla.

— Oh! pardon, monsieur, s'écria madame de Montrevel, votre flacon, votre flacon !

— Gardez-le, madame, dit Morgan, quoique j'espère que vous soyez assez bien remise pour n'en avoir plus besoin.

Mais l'enfant, l'arrachant des mains de sa mère :

— Maman ne reçoit pas de cadeau d'un voleur, dit-il.

Et il jeta le flacon par la portière.

— Diable! murmura Morgan avec le premier soupir que ses compagnons eussent entendu pousser, je crois que je fais bien de ne pas demander ma pauvre Amélie en mariage.

Puis, à ses camarades :

— Allons! messieurs, dit-il, est-ce fini?

— Oui! répondirent ceux-ci d'une seule voix.

— Alors, à cheval, et en route! n'oublions pas que nous devons être ce soir à neuf heures à l'Opéra.

Et, sautant en selle, il s'élança le premier par-dessus le fossé, gagna le bord de la rivière, et, sans hésiter, s'engagea dans le gué indiqué sur la carte de Cassini par le faux courrier.

Arrivé sur l'autre bord, et tandis que les jeunes gens se ralliaient :

— Dis donc, demanda d'Assas à Morgan, est-ce que ton masque n'est pas tombé?

— Oui; mais madame de Montrevel seule a vu mon visage.

— Hum! fit d'Assas, mieux vaudrait que personne ne l'eût vu.

Et tous quatre, mettant leurs chevaux au galop, disparurent à travers champs du côté de Chaource.

VI

Le rapport du citoyen Fouché.

En arrivant le lendemain, vers onze heures du matin, à l'*Hôtel des Ambassadeurs*, madame de Montrevel fut tout étonnée de trouver, au lieu de Roland, un étranger qui l'attendait.

Cet étranger s'approcha d'elle.

— Vous êtes la veuve du général de Montrevel, madame? lui demanda-t-il.

— Oui, monsieur, répondit madame de Montrevel assez étonnée.

— Et vous cherchez votre fils?

— En effet, et je ne comprends pas, après la lettre qu'il m'a écrite...

— L'homme propose et le premier consul dispose, répondit en riant l'étranger; le premier consul a disposé de votre fils pour quelques jours et m'a envoyé pour vous recevoir à sa place.

Madame de Montrevel s'inclina.

— Et j'ai l'honneur de parler...? demanda-t-elle.

— Au citoyen Fauvelet de Bourrienne, son premier secrétaire, répondit l'étranger.

— Vous remercierez pour moi le premier consul, répliqua madame de Montrevel, et vous aurez la bonté de lui exprimer, je l'espère, le profond regret que j'éprouve de ne pouvoir le remercier moi-même.

— Mais rien ne vous sera plus facile, madame.

— Comment cela ?

— Le premier consul m'a ordonné de vous conduire au Luxembourg.

— Moi ?

— Vous et monsieur votre fils.

— Oh ! je vais voir le général Bonaparte, je vais voir le général Bonaparte, s'écria l'enfant, quel bonheur !

Et il sauta de joie en battant des mains.

— Eh bien ! eh bien ! Édouard ! fit madame de Montrevel.

Puis, se retournant vers Bourrienne :

— Excusez-le, monsieur, dit-elle, c'est un sauvage des montagnes du Jura.

Bourrienne tendit la main à l'enfant.

— Je suis un ami de votre frère, lui dit-il ; voulez-vous m'embrasser ?

— Oh! bien volontiers, monsieur, répondit Édouard, vous n'êtes pas un voleur, vous.

— Mais non, je l'espère, repartit en riant le secrétaire.

— Encore une fois, excusez-le, monsieur, mais nous avons été arrêtés en route.

— Comment, arrêtés ?

— Oui.

— Par des voleurs ?

— Pas précisément.

— Monsieur, demanda Édouard, est-ce que les gens qui prennent l'argent des autres ne sont pas des voleurs?

— En général, mon cher enfant, on les nomme ainsi.

— La! tu vois, maman.

— Voyons, Édouard, tais-toi, je t'en prie.

Bourienne jeta un regard sur madame de Montrevel et vit clairement, à l'expression de son visage, que le sujet de la conversation lui était désagréable; il n'insista point.

— Madame, dit-il, oserais-je vous rappeler que j'ai reçu l'ordre de vous conduire au Luxembourg, comme j'ai déjà eu l'honneur de vous le dire, et d'ajouter que madame Bonaparte vous y attend!

— Monsieur, le temps de changer de robe et d'habiller Édouard.

— Et ce temps-la, madame, combien durera-t-il?

— Est-ce trop de vous demander une demi-heure?

— Oh! non, et, si une demi-heure vous suffisait, je trouverais la demande fort raisonnable.

— Soyez tranquille, monsieur, elle me suffira.

— Eh bien, madame, dit le secrétaire en s'inclinant, je fais une course, et, dans une demi-heure, je viens me mettre à vos ordres.

— Je vous remercie, monsieur.

— Ne m'en veuillez pas si je suis ponctuel.

— Je ne vous ferai pas attendre.

Bourrienne partit.

Madame de Montrevel habilla d'abord Édouard, puis s'habilla elle-même et, quand Bourrienne reparut, depuis cinq minutes elle était prête.

—Prenez-garde, madame, dit Bourrienne en riant, que je ne fasse part au premier consul de votre ponctualité.

— Et qu'aurais-je à craindre, dans ce cas?

— Qu'il ne vous retînt près de lui pour donner des leçons d'exactitude à madame Bonaparte.

— Oh! fit madame de Montrevel, il faut bien passer quelque chose aux créoles.

— Mais vous êtes créole aussi, madame, à ce que je crois.

— Madame Bonaparte, dit en riant madame de Montrevel, voit son mari tous les jours, tandis que, moi, je vais voir le premier consul pour la première fois.

— Partons! partons, mère! dit Édouard.

Le secrétaire s'effaça pour laisser passer madame de Montrevel.

Un quart d'heure après, on était au Luxembourg.

Bonaparte occupait au petit Luxembourg l'appartement du rez-de-chaussée à droite; Joséphine avait sa chambre et son boudoir au premier étage; un couloir conduisait du cabinet du premier consul chez elle.

Elle était prévenue, car en apercevant madame de Montrevel, elle lui ouvrit ses bras comme à une amie.

Madame de Montrevel s'était arrêtée respectueusement à la porte.

— Oh! venez donc! venez, madame! dit Joséphine; je ne vous connais pas d'aujourd'hui, mais du jour où j'ai connu votre digne et excellent Roland. Savez-vous une chose qui me rassure quand Bonaparte me quitte? C'est que Roland le suit, et que, quand je sais Roland près de lui, je crois qu'il ne peut plus lui arriver malheur... Eh bien, vous ne voulez pas m'embrasser?

Madame de Montrevel était confuse de tant de bonté.

— Nous sommes compatriotes, n'est-ce pas? continua-t-elle. Oh! je me rappelle parfaitement M. de la Clémencière, qui avait un si beau jardin et des fruits si magnifiques! Je me rappelle même avoir vu, — entrevu plutôt, quand mon père me conduisait tout enfant dans ce jardin pour y manger des fruits, — je me rappelle avoir entrevu une belle jeune fille qui en paraissait la reine. Vous vous êtes mariée bien jeune, madame?

— A quatorze ans.

— Il faut cela pour que vous ayez un

fils de l'âge de Roland; mais asseyez-vous donc!

Elle donna l'exemple en faisant signe à madame de Montrevel de s'asseoir à ses côtés.

— Et ce charmant enfant, continua-t-elle en montrant Édouard, c'est aussi votre fils?...

Elle poussa un soupir.

— Dieu a été prodigue envers vous, madame, reprit-elle, et puisqu'il fait tout ce que vous pouvez désirer, vous devriez bien le prier de m'en envoyer un.

Elle appuya envieusement ses lèvres sur le front d'Édouard.

— Mon mari sera bien heureux de vous voir, madame. Il aime tant votre fils! Aussi ne serait-ce pas chez moi que l'on vous eût conduite d'abord, s'il n'était pas avec le ministre de la police... Au reste, ajouta-t-elle en riant, vous arrivez dans un assez mauvais moment; il est furieux!

— Oh! s'écria madame de Montrevel, presque effrayée, s'il en était ainsi, j'aimerais mieux attendre.

— Non pas! non pas! au contraire, votre vue le calmera; je ne sais ce qui est arrivé : on arrête, à ce qu'il paraît, les diligences comme dans la forêt Noire, au grand jour, en pleine route. Fouché n'a qu'à se bien tenir, si la chose se renouvelle.

Madame de Montrevel allait répondre; mais en ce moment la porte s'ouvrit, et un huissier paraissant :

— Le premier consul attend madame de Montrevel, dit-il.

— Allez, allez, dit Joséphine; le temps est si précieux pour Bonaparte, qu'il est presque aussi impatient que Louis XIV, qui n'avait rien à faire. Il n'aime pas à attendre.

Madame de Montrevel se leva vivement et voulut emmener son fils.

— Non, dit Joséphine, laissez-moi ce bel enfant-là; nous vous gardons à dîner: Bonaparte le verra à six heures; d'ailleurs, s'il a envie de le voir, il le fera demander; pour l'instant, je suis sa seconde maman. Voyons, qu'allons-nous faire pour vous amuser?

— Le premier consul doit avoir de bien belles armes, madame? dit l'enfant.

— Oui, de très belles. Eh bien, on va vous montrer les armes du premier consul.

Joséphine sortit par une porte, emmenant l'enfant, et madame de Montrevel par l'autre, suivant l'huissier.

Sur le chemin, la comtesse rencontra un homme blond, au visage pâle et à l'œil terne, qui la regarda avec une inquiétude qui semblait lui être habituelle.

Elle se rangea vivement pour le laisser passer.

L'huissier vit le mouvement.

— C'est le préfet de police, lui dit-il tout bas.

Madame de Montrevel le regarda s'éloigner avec une certaine curiosité; Fouché, à cette époque, était déjà fatalement célèbre.

En ce moment, la porte du cabinet de Bonaparte s'ouvrit, et l'on vit se dessiner sa tête dans l'entre-bâillement.

Il aperçut madame de Montrevel.

— Madame de Montrevel, dit-il, venez, venez!

Madame de Montrevel pressa le pas et entra dans le cabinet.

— Venez, dit Bonaparte en refermant la porte sur lui-même. Je vous ai fait attendre, c'est bien contre mon désir; j'étais en train de laver la tête à Fouché. Vous savez que je suis très content de Roland, et que je compte en faire un général au premier jour. A quelle heure êtes-vous arrivée?

— A l'instant même, général.

— D'où venez-vous? Roland me l'a dit, mais je l'ai oublié.

— De Bourg.

— Par quelle route?

— Par la route de Champagne.

— Par la route de Champagne! Alors vous étiez à Châtillon, quand...

— Hier matin, à neuf heures.

— En ce cas, vous avez dû entendre parler de l'arrestation d'une diligence?

— Général...

— Oui, une diligence a été arrêtée à dix heures du matin, entre Châtillon e Bar-sur-Seine.

— Général, c'était la nôtre.

— Comment, la vôtre?

— Oui.

— Vous étiez dans la diligence qui a été arrêtée?

— J'y étais.

— Ah! je vais donc avoir des détails précis! Excusez-moi, vous comprenez mon désir d'être renseigné, n'est-ce pas? Dans un pays civilisé qui a le général Bonaparte pour premier magistrat, on n'arrête pas impunément une diligence sur une grande route, en plein jour, ou alors...

— Général, je ne puis rien vous dire, sinon que ceux qui ont arrêté la diligence étaient à cheval et masqués.

— Combien étaient-ils?

— Quatre.

— Combien y avait-il d'hommes dans la diligence ?

— Quatre, y compris le conducteur.

— Et l'on ne s'est pas défendu ?

— Non, général.

— Le rapport de la police porte cependant que deux coups de pistolet ont été tirés.

— Oui, général ; mais ces deux coups de pistolet...

— Eh bien ?

— Ont été tirés par mon fils.

— Votre fils ! mais votre fils est en Vendée.

— Roland, oui; mais Édouard était avec moi.

— Édouard! qu'est-ce qu'Édouard?

— Le frère de Roland.

— Il m'en a parlé; mais c'est un enfant!

— Il n'a pas encore douze ans, général.

— Et c'est lui qui a tiré les deux coups de pistolet?

— Oui, général.

— Pourquoi ne me l'avez-vous pas amené?

— Il est avec moi.

— Où cela?

— Je l'ai laissé chez madame Bonaparte.

Bonaparte sonna, un huissier parut.

— Dites à Joséphine de venir avec l'enfant.

Puis, se promenant dans son cabinet :

— Quatre hommes! murmura-t-il; et c'est un enfant qui leur donne l'exemple du courage! Et pas un de ces bandits n'a été blessé?

— Il n'y avait pas de balles dans les pistolets.

— Comment, il n'y avait pas de balles?

— Non : c'étaient ceux du conducteur;

et le conducteur avait eu la précaution de ne les charger qu'à poudre.

— C'est bien, on saura son nom.

En ce moment, la porte s'ouvrit, et madame Bonaparte parut, tenant l'enfant par la main.

— Viens ici, dit Bonaparte à l'enfant.

Édouard s'approcha sans hésitation, et fit le salut militaire.

— C'est donc toi qui tires des coups de pistolet aux voleurs?

— Vois-tu, maman, que ce sont des voleurs? interrompit l'enfant.

— Certainement que ce sont des voleurs; je voudrais bien qu'on me dît le contraire! Enfin, c'est donc toi qui tires des coups de pistolet aux voleurs, quand les hommes ont peur?

— Oui, c'est moi, général; mais, par malheur, ce poltron de conducteur n'avait chargé ses pistolets qu'à poudre; sans cela, je tuais leur chef.

— Tu n'as donc pas eu peur, toi?

— Moi? non, dit l'enfant, je n'ai jamais peur.

— Vous devriez vous appeler Cornélie, madame, fit Bonaparte en se rétournant vers madame de Montrevel, appuyée au bras de Joséphine.

Puis à l'enfant :

— C'est bien, dit-il en l'embrassant, on aura soin de toi ; que veux-tu être ?

— Soldat d'abord.

— Comment, d'abord ?

— Oui ; et puis plus tard colonel comme mon frère et général comme mon père.

— Ce ne sera pas de ma faute si tu ne l'es pas, dit le premier consul.

— Ni la mienne, répliqua l'enfant.

— Édouard ! fit madame de Montrevel craintive.

—N'allez-vous pas le gronder pour avoir bien répondu ?

Il prit l'enfant, l'amena à la hauteur de on visage et l'embrassa.

— Vous dînez avec nous, dit-il, et, ce soir, Bourrienne, qui a été vous chercher à l'hôtel, vous installera rue de la Victoire ; vous resterez là jusqu'au retour de Roland, qui vous cherchera un logement à sa guise. Édouard entrera au prytanée, et je marie votre fille.

— Général !

— C'est convenu avec Roland.

Puis, se tournant vers Joséphine :

— Emmène madame de Montrevel, et tâche qu'elle ne s'ennuie pas trop. Madame de Montrevel, si *votre amie* — Bonaparte appuya sur ce mot — veut entrer chez une marchande de modes, empêchez-la ; elle ne doit pas manquer de chapeaux : elle en a acheté trente-huit le mois dernier.

Et, donnant un petit soufflet d'amitié à Édouard, il congédia les deux femmes du geste.

VII

Le fils du meunier de Kerléano.

Nous avons dit qu'au moment même où Morgan et ses trois compagnons arrêtaient la diligence de Genève, entre Bar-sur-Seine et Châtillon, Roland entrait à Nantes.

Si nous voulons savoir le résultat de sa mission, nous devons, non pas le suivre pas à pas, au milieu des tâtonnements dont l'abbé Bernier enveloppait ses désirs ambitieux, mais le prendre au bourg de Muzillac, situé entre Ambon et Leguerno, à deux lieues au-dessus du petit golfe dans lequel se jette la Vilaine.

Là, nous sommes en plein Morbihan, c'est-à-dire à l'endroit où la chouannerie a pris naissance; c'est près de Laval, sur la closerie des Poiriers, que sont nés, de Pierre Cottereau et de Jeanne Moyné, les quatre frères Chouan. Un de leurs aïeux, bûcheron misanthrope, paysan morose, se tenait éloigné des autres paysans comme le chat-huant se tient éloigné des autres oiseaux : de là, par corruption, le nom de *chouan*.

Ce nom devint celui de tout un parti ; sur la rive droite de la Loire, on disait les *chouans* pour dire les Bretons, comme, sur la rive gauche, on disait les *brigands* pour dire les Vendéens.

Ce n'est pas à nous de raconter la mort, la destruction de cette héroïque famille, de suivre sur l'échafaud les deux sœurs et un frère, sur les champs de bataille, où ils se couchent blessés ou morts, Jean et René, martyrs de leur foi. Depuis les exécutions de Perrine, de René et de Pierre, depuis la mort de Jean, bien des années se sont écoulées, et le supplice des sœurs et les exploits des frères sont passés à l'état de légende.

C'est à leurs successeurs que nous avons affaire.

Il est vrai que ces gars sont fidèles aux traditions : tels on les a vus combattre aux côtés de la Rouërie, de Bois-Hardy et de Bernard de Villeneuve, tels ils combattent aux côtés de Bourmont, de Frotté et de Georges Cadoudal ; c'est toujours le même courage et le même dévoûment; ce sont toujours les soldats chrétiens et les royalistes exaltés ; leur aspect est toujours le même, rude et sauvage ; leurs armes sont toujours les mêmes, le fusil ou ce simple bâton que, dans le pays, on appelle une *ferte;* c'est toujours le même costume, c'est-à-dire le bonnet de laine brune ou le chapeau à larges bords, ayant peine à couvrir les longs cheveux plats qui roulent en désordre sur leurs épaules ; ce sont encore les vieux *Aulerci Cenomani*, comme au temps de César, *promisso capillo;* ce sont encore les Bretons aux larges braies, dont Martial a dit :

« Tam laxa est.....
Quam veteres braccæ Britonis pauperis. »

Pour se protéger contre la pluie et le froid, ils portent la casaque de peau de chèvre garnie de longs poils ; et, pour signe de ralliement, sur la poitrine ceux-ci un scapulaire et un chapelet, ceux-là un cœur, le cœur de Jésus, marque distincte d'une confrérie qui s'astreignait chaque jour à une prière commune.

Tels sont les hommes qui, à l'heure où

nous traversons la limite qui sépare la Loire-Inférieure du Morbihan, sont éparpillés de la Roche-Bernard à Vannes, et de Quertemberg à Billiers, enveloppant, par conséquent, le bourg de Muzillac.

Seulement, il faut l'œil de l'aigle qui plane du haut des airs, ou du chat-huant qui voit dans les ténèbres, pour les distinguer au milieu des genêts, des bruyères et des buissons où ils sont tapis.

Passons au milieu de ce réseau de sentinelles invisibles, et, après avoir traversé à gué deux ruisseaux affluents du fleuve sans nom qui vient se jeter à la mer près de Billiers, entre Arzal et Damgan, entrons hardiment dans le village de Muzillac.

Tout y est sombre et calme ; une seule

lumière brille à travers les fentes des volets d'une maison ou plutôt d'une chaumière que rien, d'ailleurs, ne distingue des autres.

C'est la quatrième à droite, en entrant.

Approchons notre œil d'une des fenêtres de ce volet, et regardons.

Nous voyons un homme vêtu du costume des riches paysans du Morbihan ; seulement, un galon d'or, large d'un doigt, borde le collet et les boutonnières de son habit et les extrémités de son chapeau.

Le reste de son costume se complète d'un pantalon de peau et de bottes à retroussis.

Sur une chaise son sabre est jeté.

Une paire de pistolets est à la portée de sa main.

Dans la cheminée, les canons de deux ou trois carabiniers reflètent un feu ardent.

Il est assis devant une table; une lampe éclaire des papiers qu'il lit avec la plus grande attention, et éclaire en même temps son visage.

Ce visage est celui d'un homme de trente ans; quand les soucis d'une guerre de partisans ne l'assombrissent pas, on voit que son expression doit être franche et joyeuse : de beaux cheveux blonds l'encadrent, de grands yeux bleus l'animent; la tête a cette forme particulière aux têtes bretonnes, et qu'ils doivent, si l'on en croit le système de Gall; au développement exagéré des organes de l'entêtement.

Aussi, cet homme a-t-il deux noms :

Son nom familier, le nom sous lequel le désignent ses soldats : *la tête ronde*.

Puis son nom véritable, celui qu'il a reçu de ses dignes et braves parents, Georges Cadudal, ou plutôt Georges Cadoudal, la tradition ayant changé l'orthographe de ce nom devenu historique.

Georges était le fils d'un cultivateur de Kerléano dans la paroisse de Brech. La légende veut que ce cultivateur ait été en même temps meunier. Il venait, au de Vannes,—collége dont Brech n'est distant que de quelques lieues,—de recevoir une bonne et solide éducation, lorsque les premiers appels de l'insurrection royaliste éclatèrent dans la Vendée: Cadoudal les entendit, réunit quelques-uns de ses compagnons de chasse et de plaisir, traversa la Loire à leur tête, et vint offrir ses services à Stofflet; mais Stofflet exigea de le voir à l'œuvre avant de l'attacher à lui : c'est ce que demandait Georges. On n'attendait pas longtemps ces sortes d'occasions dans l'armée vendéenne; dès le lendemain, il y eut combat : Georges se mit à la besogne, et s'y acharna si bien, qu'en le voyant charger les bleus, l'ancien garde-chasse de M. de Maulevrier ne put s'empêcher de dire tout haut à Bonchamp, qui était près de lui :

— Si un boulet de canon n'emporte pas *cette grosse tête ronde*, elle ira loin, je vous le prédis.

Le nom en resta à Cadoudal.

C'était ainsi que, cinq siècles auparavant, les sires de Malestroit, de Penhoët, de Beaumanoir et de Rochefort désignaient le grand connétable dont les femmes de la Bretagne filèrent la rançon.

« Voilà la grosse tête ronde, disaient-ils; nous allons échanger de bons coups d'épée avec les Anglais. »

Par malheur, ce n'était plus Bretons contre Anglais que l'on échangeait les coups d'épée à cette heure, c'était Français contre Français.

Georges resta en Vendée jusqu'à la déroute de Savenay.

L'armée vendéenne tout entière démeura sur le champ de bataille, ou s'évanouit comme une fumée.

Georges avait, pendant près de trois ans, fait des prodiges de courage, d'adresse et de force; il repassa la Loire et rentra dans le Morbihan avec un seul de ceux qui l'avaient suivi.

Celui-là sera à son tour son aide-de-camp, ou plutôt son compagnon de guerre; il ne le quittera plus, et, en échange de la rude campagne qu'ils ont faite ensemble, il changera son nom de Lemercier contre celui de Tiffauges. Nous l'avons vu, au bal des victimes, chargé d'une mission pour Morgan.

Rentré sur sa terre natale, c'est pour son compte que Cadoudal y fomente dès-lors l'insurrection ; les boulets ont respecté la grosse tête ronde, et la grosse tête ronde, justifiant la prophétie de Stofflet, succédant aux La Rochejaquelein, aux d'Elbée, aux Bonchamp, aux Lescure, à Stofflet lui-même, est devenu leur rival en gloire et leur supérieur en puissance ; car il en était arrivé, — chose qui donnera la mesure de sa force, — à lutter à peu près seul contre le gouvernement de Bonaparte, nommé premier consul depuis trois mois.

Les deux chefs restés fidèles avec lui à la dynastie bourbonienne étaient Frotté et Bourmont.

A l'heure où nous sommes arrivés, c'est-à-dire au 26 janvier 1800, Cadoudal commande trois ou quatre mille hommes avec lesquels il s'apprete à bloquer dans Vannes le général Hatry.

Tout le temps qu'il a attendu la réponse du premier consul à la lettre de Louis XVIII, il a suspendu les hostilités ; mais, depuis deux jours, Tiffauges est arrivé et la lui a remise.

Elle est déjà expédiée pour l'Angleterre, d'où elle passera à Mittau ; et puisque le premier consul ne veut point la paix aux conditions dictées par Louis XVIII, Cadoudal, général en chef de Louis XVIII, dans l'Ouest, continuera la guerre contre Bonaparte, dût-il la faire seul avec son ami Tiffauges, en ce moment, au reste, à Pouancé, où se tiennent les conférences entre Châtillon, d'Autichamp, l'abbé Bernier et le général Hédouville.

Il réfléchit à cette heure, ce dernier survivant des grands lutteurs de la guerre civile, et les nouvelles qu'il vient d'apprendre sont, en effet, matière à réflexion.

Le général Brune, le vainqueur d'Alkmaar et de Castricum, le sauveur de la Hollande, vient d'être nommé général en chef des armées républicaines de l'Ouest, et, depuis trois jours, est arrivé à Nantes; il doit, à tout prix, écraser Cadoudal et ses chouans.

A tout prix, il faut que les chouans et Cadoudal prouvent au nouveau général en chef que l'on n'a pas peur et qu'il n'a rien à attendre de l'intimidation.

Dans ce moment, le galop d'un cheval retentit; sans doute le cavalier a le mot d'ordre, car il passe sans difficulté au milieu des patrouilles échelonnées sur la route de la Roche-Bernard, et, sans difficulté, il est entré dans le bourg de Muzillac.

Il s'arrête devant la porte de la chaumière où est Georges. Celui-ci lève la tête, écoute, et, à tout hasard, met la main sur ses pistolets, quoiqu'il soit probable qu'il va avoir affaire à un ami.

Le cavalier met pied à terre, s'engage dans l'allée et ouvre la porte de la chambre où se trouve Georges.

— Ah! c'est toi, Cœur-de-Roi! dit Cadoudal; d'où viens-tu?

— De Pouancé, général!

— Quelles nouvelles?

— Une lettre de Tiffauges.

— Donne.

Georges prit vivement la lettre des mains de Cœur-de-Roi, et la lut.

— Ah! fit-il.

Et il la relut une seconde fois.

— As-tu vu celui dont il m'annonce l'arrivée? demanda Cadoudal.

— Oui, général, répondit le courrier.

— Quel homme est-ce?

— Un beau jeune homme de vingt-six à vingt-sept ans.

— Son air?

— Déterminé!

— C'est bien cela; quand arrive-t-il?

— Probablement cette nuit.

— L'as-tu recommandé tout le long de la route?

— Oui; il passera librement.

— Recommande-le de nouveau; il ne doit lui arriver aucun mal : il est sauvegardé par Morgan.

— C'est convenu, général.

— As-tu autre chose à me dire?

— L'avant-garde des républicains est à la Roche-Bernard.

— Combien d'hommes?

— Un millier d'hommes, à peu près; ils ont avec eux une guillotine et le commissaire du pouvoir exécutif Millière.

— Tu en es sûr?

— Je les ai rencontrés en route ; le commissaire était à cheval, près du colonel, je l'ai parfaitement reconnu. Il a fait exécuter mon frère, et j'ai juré qu'il ne mourrait que de ma main.

— Et tu risqueras ta vie pour tenir ton serment?

— A la première occasion.

— Peut-être ne se fera-t-elle point attendre.

En ce moment, le galop d'un cheval retentit dans la rue.

— Ah! dit Cœur-de-Roi, voilà probablement celui que vous attendez.

— Non, dit Georges; le cavalier qui nous arrive vient du côté de Vannes.

En effet, le bruit étant devenu plus distinct, on put reconnaître que Cadoudal avait raison.

Comme le premier, le second cavalier s'arrêta devant la porte; comme le premier, il mit pied à terre; comme le premier, il entra.

Le chef royaliste le reconnut tout de suite, malgré le large manteau dont il était enveloppé.

— C'est toi, Bénédicité, dit-il.

— Oui, mon général.

— D'où viens-tu?

— De Vannes, où vous m'aviez envoyé pour surveiller les bleus.

— Eh bien, que font-ils, les bleus?

— Ils craignent de mourir de faim, si vous bloquez la ville; et, pour se procurer des vivres, le général Hatry a le projet d'enlever cette nuit les magasins de Grandchamp; le général commandera en personne l'expédition, et, pour qu'elle se fasse plus lestement, la colonne sera de cent hommes seulement.

— Es-tu fatigué, Bénédicité?

— Jamais, général.

— Et ton cheval?

— Il est venu bien vite, mais il peut faire encore quatre ou cinq lieues du même train sans crever.

— Donne-lui deux heures de repos, double ration d'avoine, et qu'il en fasse dix.

— A ces conditions, il les fera.

— Dans deux heures, tu partiras; tu seras à Grandchamp au point du jour; tu donneras en mon nom l'ordre d'évacuer le village : je me charge du général Hatry et de sa colonne. Est-ce tout ce que tu as à me dire?

— Non; j'ai à vous apprendre une nouvelle.

— Laquelle?

— C'est que Vannes a un nouvel évêque.

— Ah! l'on nous rend donc nos évêques?

— Il paraît; mais, s'ils sont tous comme celui-là, ils peuvent bien les garder.

— Et quel est celui-là?

— Audrein!

— Le régicide?

— Audrein le renégat.

— Et quand arrive-t-il?

— Cette nuit ou demain.

— Je n'irai pas au-devant de lui, mais qu'il ne tombe pas entre les mains de mes hommes!

Bénédicité et Cœur-de-Roi firent entendre un éclat de rire qui complétait la pensée de Georges.

— Chut! fit Cadoudal.

Les trois hommes écoutèrent.

— Cette fois, c'est probablement lui, dit Georges.

On entendait le galop d'un cheval venant du côté de la Roche-Bernard.

— C'est lui, bien certainement, répéta Cœur-de-Lion.

— Alors, mes amis, laissez-moi seul... Toi, Bénédicité, à Grandchamp le plus tôt possible ; toi, Cœur-de-Roi, dans la cour avec une trentaine d'hommes : je puis avoir des messagers à expédier sur différentes routes. A propos, arrange-toi pour que l'on m'apporte ce que l'on aura de mieux à souper dans le village.

— Pour combien de personnes, général ?

— Oh ! pour deux personnes.

— Vous sortez ?

— Non, je vais au-devant de celui qui arrive.

Deux ou trois gars avaient déjà fait passer dans la cour les chevaux de deux messagers.

Les messagers s'esquivèrent à leur tour.

Georges arrivait à la porte de la rue, juste au moment où un cavalier, arrêtant son cheval et regardant de tous côtés, paraissait hésiter.

— C'est ici, monsieur, dit Georges.

— Qui est ici? demanda le cavalier.

— Celui que vous cherchez.

— Comment savez-vous quel est celui que je cherche?

— Je présume que c'est Georges Cadoudal, autrement dit la grosse tête ronde.

— Justement.

— Soyez le bienvenu alors, monsieur Roland de Montrevel, car je suis celui que vous cherchez.

— Ah! ah! fit le jeune homme étonné.

Et, mettant pied à terre, il sembla chercher des yeux quelqu'un à qui confier sa monture.

— Jetez la bride sur le cou de votre cheval, et ne vous inquiétez point de lui; vous le retrouverez quand vous en aurez besoin : rien ne se perd en Bretagne, vous êtes sur la terre de la loyauté.

Le jeune homme ne fit aucune observation, jeta la bride sur le cou de son cheval, comme il en avait reçu l'invitation, et suivit Cadoudal, qui marcha devant lui.

— C'est pour vous montrer le chemin, colonel, dit le chef des chouans.

Et tous deux entrèrent dans la chaumière dont une main invisible venait de ranimer le feu.

VIII

Blanc et bleu.

Roland entra, comme nous l'avons dit, derrière Georges, et, en entrant, jeta tout autour de lui un regard d'insouciante curiosité.

Ce regard lui suffit pour voir qu'ils étaient parfaitement seuls.

— C'est ici votre quartier général ? demanda Roland avec un sourire et en approchant de la flamme le dessous de ses bottes.

— Oui, colonel.

— Il est singulièrement gardé.

Georges sourit à son tour.

— Vous me demandez cela, dit-il, parce que, de la Roche-Bernard ici, vous avez trouvé la route libre ?

— C'est-à-dire que je n'ai point rencontré une âme.

— Cela ne prouve aucunement que la route n'était point gardée.

— A moins qu'elle ne l'ait été par les chouettes et les chats-huants qui semblaient voler d'arbre en arbre pour m'accompagner, général... en ce cas-là, je retire ma proposition.

— Justement, répondit Cadoudal, ce sont ces chats-huants et ces chouettes qui sont mes sentinelles, sentinelles qui ont de bons yeux, puisque ces yeux ont sur ceux des hommes l'avantage d'y voir la nuit.

— Il n'en est pas moins vrai que, par bonheur, je m'étais fait renseigner à la Roche-Bernard; sans quoi, je n'eusse pas trouvé un chat pour me dire où je pourrais vous rencontrer.

— A quelque endroit de la route que vous eussiez demandé à haute voix : « Où » trouverai-je Georges Cadoudal ? » une voix vous eût répondu : « Au bourg de » Muzillac, la quatrième maison à droite. » Vous n'avez vu personne, colonel ; seulement, à l'heure qu'il est, il y a quinze cents hommes, à peu près, qui savent que le colonel Roland, aide-de-camp du premier consul, est en conférence avec le fils du meunier de Leguerno.

— Mais, s'ils savent que je suis colonel au service de la République et aide-de-camp du premier consul, comment m'ont-ils laissé passer ?

— Parce qu'ils en avaient reçu l'ordre.

— Vous saviez donc que je venais ?

— Je savais non-seulement que vous veniez, mais encore pourquoi vous veniez.

Roland regarda fixement son interlocuteur.

— Alors, il est inutile que je vous le dise ! et vous me répondriez quand même je garderais le silence ?

— Mais à peu près.

— Ah ! pardieu ! je serais curieux d'avoir la preuve de cette supériorité de votre police sur la nôtre.

— Je m'offre de vous la donner, colonel.

— J'écoute, et cela avec d'autant plus de satisfaction, que je serai tout entier à cet excellent feu, qui, lui aussi, semblait m'attendre.

— Vous ne croyez pas si bien dire, colonel, et il n'y a pas jusqu'au feu qui ne fasse de son mieux pour vous souhaiter la bienvenue.

— Oui; mais pas plus que vous, il ne me dit l'objet de ma mission.

— Votre mission que vous me faites l'honneur d'étendre jusqu'à moi, colonel, était primitivement pour l'abbé Bernier tout seul. Par malheur, l'abbé Bernier, dans la lettre qu'il a fait passer à son ami Martin Duboys, a un peu trop présumé de ses forces ; il offrait sa médiation au premier consul.

— Pardon, interrompit Roland, mais vous m'apprenez là une chose que j'ignorais : c'est que l'abbé Bernier eût écrit au général Bonaparte.

— Je dis qu'il a écrit à son ami Martin Duboys, ce qui est bien différent... Mes gens ont intercepté sa lettre et me l'ont apportée : je l'ai faite copier, et j'ai envoyé la lettre, qui, j'en suis certain, est parvenue à bon port ; votre visite au général Hédouville en fait foi.

— Vous savez que ce n'est plus le général Hédouville qui commande à Nantes, mais le général Brune.

— Vous pouvez même dire qui commande à la Roche-Bernard; car un millier de soldats républicains ont fait leur entrée dans cette ville ce soir vers six heures, accompagnés de la guillotine et du citoyen commissaire général Thomas Millière. Ayant l'instrument, il fallait le bourreau.

— Vous dites donc, général, que j'étais venu pour l'abbé Bernier?

— Oui; l'abbé Bernier avait offert sa médiation; mais il a oublié qu'aujourd'hui il y a deux Vendées, la Vendée de la rive gauche et la Vendée de la rive droite; que si l'on peut traiter avec d'Autichamp, Châtillon et Suzannet à Pouancé, reste à traiter avec Frotté, Bourmont et Cadoudal...

mais où cela ? voilà ce que personne ne peut dire.

— Que vous, général.

— Alors, avec la chevalerie qui fait le fond de votre caractère, vous vous êtes chargé de venir m'apporter le traité signé le 25. L'abbé Bernier, d'Autichamp, Châtillon et Suzannet vous ont signé un laissez-passer, et vous voilà.

— Ma foi ! général, je dois dire que vous êtes parfaitement renseigné ; le premier consul désire la paix de tout son cœur ; il sait qu'il a affaire en vous à un brave et loyal adversaire, et, ne pouvant vous voir, attendu que vous ne viendrez probablement point à Paris, il m'a dépêché vers vous.

— C'est-à-dire vers l'abbé Bernier.

— Général, peu vous importe, si je m'engage à faire ratifier par le premier consul ce que nous aurons arrêté entre nous. Quelles sont vos conditions pour la paix ?

— Oh! elles sont bien simples, colonel : que le premier consul rende le trône à Sa Majesté Louis XVIII ; qu'il devienne son connétable, son lieutenant général, le chef de ses armées de terre et de mer, et je deviens, moi, son premier soldat.

— Le premier consul a déjà répondu à cette demande.

— Et voilà pourquoi je suis décidé à répondre moi-même à cette réponse.

— Quand ?

— Cette nuit même, si l'occasion s'en présente.

— De quelle façon ?

— En reprenant les hostilités.

— Mais vous savez que Châtillon, d'Autichamp et Suzannet ont déposé les armes ?

— Ils sont chefs des Vendéens, et, au nom des Vendéens, ils peuvent faire tout ce qu'ils veulent ; je suis chefs des chouans, et, au nom des chouans, je ferai ce qui me conviendra.

— Alors, c'est une guerre d'extermination à laquelle vous condamnez ce malheureux pays, général !

— C'est un martyre auquel je convoque des chrétiens et des royalistes.

— Le général Brune est à Nantes avec les huit mille prisonniers que les Anglais viennent de nous rendre, après leurs défaites d'Alkmar et de Castricum.

— C'est la dernière fois qu'ils auront eu cette chance ; les bleus nous ont donné cette mauvaise habitude de ne point faire de prisonniers ; quant au nombre de nos ennemis, nous ne nous en soucions pas, c'est une affaire de détail.

— Si le général Brune et ses huit mille prisonniers, joints aux vingt mille soldats qu'il reprend des mains du général Hédouville, ne suffisent point, le premier consul est décidé à marcher contre vous en personne, et avec cent mille hommes.

Cadoudal sourit.

— Nous tâcherons, dit-il, de lui prouver que nous sommes dignes de le combattre.

— Il incendiera vos villes !

— Nous nous retirerons dans nos chaumières.

— Il brûlera vos chaumières.

— Nous vivrons dans nos bois.

— Vous réfléchirez, général.

— Faites moi l'honneur de rester avec

moi quarante-huit heures, colonel, et vous verrez que mes réflexions sont faites.

— J'ai bien envie d'accepter.

— Seulement, colonel, ne me demandez pas plus que je ne puis vous donner : le sommeil sous un toit de chaume ou dans un manteau, sous les branches d'un chêne ; un de mes chevaux pour me suivre, un sauf-conduit pour me quitter.

— J'accepte.

— Votre parole, colonel, de ne vous opposer en rien aux ordres que je donnerai, de ne faire échouer en rien les surprises que je tenterai.

— Je suis trop curieux de vous voir faire pour cela ; vous avez ma parole, général.

— Quelque chose qui se passe sous vos yeux ?

— Quelque chose qui se passe sous mes yeux ; je renonce au rôle d'acteur pour m'enfermer dans celui de spectateur ; je veux pouvoir dire au premier consul : « J'ai vu. »

Cadoudal sourit.

— Eh bien, vous verrez, dit-il.

En ce moment, la porte s'ouvrit, et deux paysans apportèrent une table toute servie, où fumait une soupe aux choux et un morceau de lard ; un énorme pot de cidre qui venait d'être tiré à la pièce, débordait et moussait entre deux verres.

Quelques galettes de sarrasin étaient destinées à faire le dessert de ce modeste repas.

La table portait deux couverts.

— Vous le voyez, monsieur de Montrevel, dit Cadoudal, mes gars espèrent que vous me ferez l'honneur de souper avec moi.

— Et, sur ma foi, ils n'ont pas tort ; je vous le demanderais si vous ne m'invitiez pas, et je tâcherais de vous en prendre de force ma part, si vous me la refusiez.

—Alors, à table!

Le jeune colonel s'assit gaîment.

— Pardon pour le repas que je vous offre, dit Cadoudal; je n'ai point comme vos généraux des indemnités de campagne, et ce sont mes soldats qui me nourrissent. Qu'as-tu à nous donner avec cela, Brise-Bleu?

— Une fricassée de poulet, général.

— Voilà le menu de votre dîner, monsieur de Montrevel.

—C'est un festin! Maintenant, je n'ai qu'une crainte, général.

— Laquelle?

— Cela ira très bien, tant que nous mangerons; mais, quand il s'agira de boire?...

— Vous n'aimez pas le cidre? Ah! diable, vous m'embarrassez. Du cidre ou de l'eau, voilà ma cave.

— Ce n'est point cela : à la santé de qui boirons-nous?

— N'est-ce que cela, monsieur? dit Cadoudal avec une suprême dignité. Nous boirons à la santé de notre mère commune, la France; nous la servons chacun avec un esprit différent, mais, je l'espère, avec un même cœur. A la France! monsieur, dit Cadoudal en remplissant les deux verres.

— A la France, général! répondit Roland en choquant son verre contre celui de Georges.

Et tous deux se rassirent gaîment, et, la conscience en repos, attaquèrent la soupe avec des appétits dont le plus âgé n'avait pas trente ans.

IX

La peine du talion.

— Maintenant, général, dit Roland lorsque le souper fut fini, et que les deux jeunes gens, les coudes sur la table, allongés devant un grand feu, commencèrent d'éprouver ce bien-être, suite ordinaire d'un repas dont l'appétit et la jeunesse ont été l'assaisonnement; — maintenant, vous m'avez promis de me faire voir des choses que je puisse reporter au premier consul.

— Et vous avez promis, vous, de ne pas vous y opposer?

— Oui; mais je me réserve, si ce que vous me ferez voir heurtait trop ma conscience, de me retirer.

— On n'aura que la selle à jeter sur le dos de votre cheval, colonel, ou sur le dos du mien, dans le cas où le vôtre serait trop fatigué, et vous êtes libre.

— Très bien.

— Justement, dit Cadoudal, les évènements vous servent; je suis ici non-seulement général, mais encore haut justicier, et il y a longtemps que j'ai une justice à faire. Vous m'avez dit, colonel, que le général Brune était à Nantes : je le savais ; vous m'avez dit que son avant-garde était à quatre lieues d'ici, à la Roche-Bernard, je le savais encore ; mais une chose que vous ne savez peut-être pas, c'est que cette avant-garde n'est pas commandée par un soldat comme vous et moi : elle est commandée par le citoyen Thomas Millière, commissaire du pouvoir exécutif. Une autre chose que vous ignorez peut-être, c'est que le citoyen Thomas Millière ne se bat point comme nous, avec des canons, des fusils, des baïonnettes, des pistolets et des sabres, mais avec un instrument inventé par un de vos philanthropes républicains et qu'on appelle la guillotine.

— Il est impossible, monsieur, s'écria Roland, que, sous le premier consul, on fasse cette sorte de guerre.

— Ah! entendons-nous bien, colonel; je ne vous dis pas que c'est le premier consul qui la fait, je vous dis qu'elle se fait en son nom.

— Et quel est le misérable qui abuse ainsi de l'autorité qui lui est confiée pour faire la guerre avec un état-major de bourreaux?

— Je vous l'ai dit, il s'appelle le citoyen Thomas Millière; informez-vous, colonel, et, dans toute la Vendée et dans toute la Bretagne, il n'y aura qu'une seule voix sur cet homme. Depuis le jour du premier soulèvement vendéen et breton, c'est-à-dire depuis six ans, ce Millière a été toujours et partout un des agents les plus actifs de la Terreur ; pour lui, la Terreur n'a point fini avec Robespierre. Dénonçant aux autorités supérieures ou se faisant dénoncer à lui-même les soldats bretons ou vendéens, leurs parents, leurs amis, leurs frères, leurs sœurs, leurs femmes, leurs filles, jusqu'aux blessés, jusqu'aux mourants, il ordonnait de tout fusiller, de tout guillotiner sans jugement. A Daumeray, par exemple, il a laissé une trace de sang qui n'est point encore effacée, qui ne s'effacera jamais ; plus de quatre-vingts habitants ont été égorgés sous ses yeux ; des fils ont été frappés dans les bras de leurs mères, qui jusqu'ici ont vainement, pour demander vengeance, levé leurs bras sanglants au ciel. Les pacifications successives de la Vendée ou de la Bretagne n'ont point calmé cette soif de meurtre qui brûle ses entrailles. En 1800, il est le même qu'en 1793. Eh bien, cet homme...

Roland regarda le général.

— Cet homme, continua Georges avec le plus grand calme, voyant que la société ne le condamnait pas, je l'ai condamné, moi ; cet homme va mourir.

— Comment ! il va mourir, à la Roche-Bernard, au milieu des républicains, malgré sa garde d'assassins, malgré son escorte de bourreaux ?

— Son heure a sonné, il va mourir.

Cadoudal prononça ces paroles avec une

telle solennité, que pas un doute ne demeura dans l'esprit de Roland, non-seulement sur l'arrêt prononcé, mais encore sur l'exécution de cet arrêt.

Il demeura pensif un instant.

— Et vous vous croyez le droit de juger et de condamner cet homme, tout coupable qu'il est?

— Oui; car cet homme a jugé et condamné, non pas des coupables, mais des innocents.

— Si je vous disais : A mon retour à Paris, je demanderai la mise en accusation et le jugement de cet homme, n'auriez-vous pas foi en ma parole?

— J'aurais foi en votre parole; mais je

vous dirais : Une bête enragée se sauve de sa cage, un meurtrier se sauve de sa prison ; les hommes sont des hommes, sujets à l'erreur. Ils ont parfois condamné des innocents, ils peuvent épargner un coupable. Ma justice est plus sûre que la vôtre, colonel, car c'est la justice de Dieu. Cet homme mourra !

— Et de quel droit dites-vous que votre justice, à vous, homme soumis à l'erreur comme les autres hommes, est la justice de Dieu?

— Parce que j'ai mis Dieu de moitié dans mon jugement. Oh! ce n'est pas d'hier qu'il est jugé.

— Comment cela ?

— Au milieu d'un orage où la foudre grondait sans interruption, où l'éclair brillait de minute en minute, j'ai levé les bras au ciel et j'ai dit à Dieu : « Mon Dieu ! toi
» dont cet éclair est le regard, toi dont ce
» tonnerre est la voix, si cet homme doit
» mourir, éteins pendant dix minutes ton
» tonnerre et tes éclairs ; le silence des
» airs et l'obscurité du ciel seront ta ré-
» ponse ! » Et ma montre à la main, j'ai compté onze minutes sans éclairs et sans tonnerre... J'ai vu à la pointe du grand mont, par une tempête terrible, une barque montée par un seul homme et qui menaçait à chaque instant d'être submergée, une lame l'enleva comme le souffle d'un enfant enlève une plume, et la laissa retomber sur un rocher. La barque vola

en morceaux, l'homme se cramponna au rocher; tout le monde s'écria : « Cet homme » est perdu! » Son père était là, ses deux frères étaient là, et ni frères ni père n'osaient lui porter secours. Je levai les bras au Seigneur et je dis : « Si Millière est » condamné, mon Dieu, par vous comme » par moi, je sauverai cet homme, et sans » autre secours que vous, je me sauverai » moi-même. » Je me déshabillai, je nouai le bout d'une corde autour de mon bras, et je nageai jusqu'au rocher. On eût dit que la mer s'aplanissait sous ma poitrine; j'atteignis l'homme. Son père et ses frères tenaient l'autre bout de la corde. Il gagna le rivage. Je pouvais y revenir comme lui, en fixant ma corde au rocher. Je la jetai loin de moi, et me confiai à Dieu et aux flots;

les flots me portèrent au rivage aussi doucement et aussi sûrement que les eaux du Nil portèrent le berceau de Moïse vers la fille de Pharaon. Une sentinelle ennemie était placée en avant du village de Saint-Nolf ; j'étais caché dans le bois de Grandchamp avec cinquante hommes. Je sortis seul du bois en recommandant mon âme à Dieu et en disant : « Seigneur, si vous
» avez décidé la mort de Millière, cette
» sentinelle tirera sur moi et me man-
» quera, et, moi, je reviendrai vers les
» miens sans faire de mal à cette senti-
» nelle, car vous aurez été avec elle un
» instant. » Je marchai au républicain ; à vingt pas, il fit feu sur moi et me manqua. Voici le trou de la balle dans mon chapeau, à un pouce de ma tête ; la main de Dieu

elle-même a levé l'arme. C'est hier que la chose est arrivée. Je croyais Millière à Nantes. Ce soir, on est venu m'annoncer que Millière et sa guillotine étaient à la Roche-Bernard. Alors j'ai dit : « Dieu me l'a-» mène, il va mourir ! »

Roland avait écouté avec un certain respect la superstitieuse narration du chef breton. Il ne s'étonnait point de trouver cette croyance et cette poésie dans l'homme habitué à vivre en face de la mer sauvage, au milieu des dolmens de Karnac. Il comprit que Millière était véritablement condamné, et que Dieu, qui semblait trois fois avoir approuvé son jugement, pouvait seul le sauver.

Seulement, une dernière question lui restait à faire.

— Comment le frapperez-vous ? demanda-t-il.

— Oh ! dit Georges, je ne m'inquiète point de cela ; il sera frappé.

Un des deux hommes qui avaient apporté la table du souper entrait en ce momen.

— Brise-Bleu, lui dit Cadoudal, préviens Cœur-de-Roi que j'ai un mot à lui dire.

Deux minutes après, le Breton était en face de son général.

— Cœur-de-Roi, lui demanda Cadoudal, n'est-ce pas toi qui m'as dit que l'assassin Thomas Millière était à la Roche-Bernard ?

— Je l'y ai vu entrer côte à côte avec le colonel républicain, qui paraissait même peu flatté du voisinage.

— N'as-tu pas ajouté qu'il était suivi de sa guillotine?

— Je vous ai dit que sa guillotine suivait entre deux canons, et je crois que si les canons avaient pu s'écarter d'elle, ils l'eussent laissée rouler toute seule.

— Quelles sont les précautions que prend Millière dans les villes qu'il habite?

— Il a autour de lui une garde spéciale, il fait barricader les rues qui conduisent à sa maison, il a toujours une paire de pistolets à portée de sa main.

— Malgré cette garde, malgré cette barricade, malgré ces pistolets, te charges-tu d'arriver jusqu'à lui ?

— Je m'en charge, général !

— J'ai, à cause de ses crimes, condamné cet homme ; il faut qu'il meure !

— Ah ! s'écria Cœur-de-Roi, le jour de la justice est donc venu !

— Te charges-tu d'exécuter mon jugement, Cœur-de-Roi ?

— Je m'en charge, général.

— Va, Cœur-de-Roi, prends le nombre d'hommes que tu voudras... imagine le stratagème que tu voudras... mais parviens jusqu'à lui et frappe.

— Si je meurs, général...

— Sois tranquille, le curé de Leguerno dira assez de messes à ton intention pour que ta pauvre âme ne demeure pas en peine ; mais tu ne mourras pas, Cœur-de-Roi.

— C'est bien, c'est bien, général ! du moment où il y aura des messes, on ne vous en demande pas davantage ; j'ai mon plan.

- Quand pars-tu ?

— Cette nuit.

- Quand sera-t-il mort ?

— Demain.

— Va, et que trois cents hommes soient prêts à me suivre dans une demi-heure.

Cœur-de-Roi sortit aussi simplement qu'il était entré.

— Vous voyez, dit Cadoudal, voilà les hommes auxquels je commande ; votre premier consul est-il aussi bien servi que moi, monsieur de Montrevel ?

— Par quelques-uns, oui.

— Eh bien ! moi, ce n'est point par quelques-uns, c'est par tous.

Bénédicité entra et interrogea Georges du regard.

— Oui, répondit Georges tout à la fois de la voix et de la tête.

Bénédicité sortit.

— Vous n'avez pas vu un homme en venant ici ? dit Georges.

— Pas un.

— J'ai demandé trois cents hommes dans une demi-heure, et dans une demi-heure ils seront là; j'en eusse demandé cinq cents, mille, deux mille, qu'ils eussent été prêts aussi promptement.

— Mais, dit Roland, vous avez, comme nombre du moins, des limites que vous ne pouvez franchir ?

— Voulez-vous connaître l'effectif de mes forces ? c'est bien simple : je ne vous le dirai pas moi-même, vous ne me croiriez pas ; mais attendez, je vais vous le faire dire.

Il ouvrit la porte et appela :

— Branche-d'Or?

Deux secondes après, Branche-d'Or parut.

— C'est mon major général, dit en riant Cadoudal ; il remplit près de moi les fonctions que le général Berthier remplit près du premier consul. Branche-d'Or?

— Mon général !

— Combien d'hommes échelonnés depuis la Roche-Bernard jusqu'ici, c'est-à-dire sur la route suivie par monsieur pour me venir trouver?

— Six cents dans les landes d'Arzal, six cents dans les bruyères de Marzan, trois cents à Péaule, trois cents à Billiers.

— Total, dix-huit cents. Combien entre Noyal et Muzillac ?

— Quatre cents.

— Deux mille deux cents. Combien d'ici à Vannes ?

— Cinquante à Theix, trois cents à la Trinité, six cents entre la Trinité et Muzillac.

— Trois mille deux cents. Et d'Ambon à Leguerno ?

— Douze cents

— Quatre mille quatre cents. Et dans le bourg même, autour de moi, dans les maisons, dans les jardins, dans les caves?

— Cinq à six cents, général.

— Merci, Bénédicité.

Il fit un signe de tête, Bénédicité sortit.

— Vous le voyez, dit simplement Cadoudal, cinq mille hommes à peu près. Eh bien! avec ces cinq mille hommes, tous du pays, qui connaissent chaque arbre, chaque pierre, chaque buisson, je puis faire la guerre aux cent mille hommes que le premier consul menace d'envoyer contre moi.

Roland sourit

— Oui, c'est fort, n'est-ce pas?

— Je crois que vous vous vantez un peu, général, ou plutôt que vous vantez vos hommes.

— Non, car j'ai pour auxiliaire toute la population. Un de vos généraux ne peut pas faire un mouvement que je ne le sache; il ne peut pas envoyer une ordonnance que je ne la surprenne; il ne peut pas trouver un refuge que je ne l'y poursuive. La terre même est royaliste et chrétienne! elle parlerait, à défaut d'habitants, pour me dire : « Les bleus sont passés ici; les égorgeurs sont cachés là! » Au reste, vous allez en juger.

— Comment?

— Nous allons faire une expédition à six lieues d'ici. Quelle heure est-il ?

Les jeunes gens tirèrent leurs montres tous deux à la fois.

— Minuit moins un quart, dirent-ils.

— Bon ! fit Georges, nos montres marquent la même heure, c'est bon signe ; peut-être, un jour, nos cœurs seront-ils d'accord comme nos montres.

— Vous disiez, général ?...

— Je disais qu'il était minuit moins un quart, colonel, qu'à six heures, avant le jour, nous devions être à sept lieues d'ici. Avez-vous besoin de repos ?

— Moi ?

— Oui, vous pouvez dormir une heure.

— Merci ; c'est inutile.

— Alors nous partirons quand vous voudrez.

— Et vos hommes ?

— Oh ! mes hommes sont prêts.

— Où cela ?

— Partout.

— Je voudrais les voir.

— Vous les verrez.

— Quand ?

— Quand cela vous sera agréable. Oh !

mes hommes sont des hommes fort discrets, et ils ne se montrent que si je leur fais signe de se montrer.

— De sorte que, quand je désirerai les voir?...

— Vous me le direz; je ferai un signe et ils se montreront.

— Partons, général !

— Partons.

Les deux jeunes gens s'enveloppèrent de leurs manteaux et sortirent.

A la porte, Roland se heurta à un petit groupe de cinq hommes.

Ces cinq hommes portaient l'uniforme

républicain ; l'un d'eux avait sur ses manches des galons de sergent.

— Qu'est-ce que cela? demanda Roland.

— Rien, répondit Cadoudal en riant.

— Mais, enfin, ces hommes, quels sont-ils ?

— Cœur-de-Roi et les siens qui partent pour l'expédition que vous savez.

— Alors, ils comptent, à l'aide de cet uniforme ?...

— Oh ! vous allez tout savoir, colonel, je n'ai point de secret pour vous.

Et, se tournant du côté du groupe :

— Cœur-de-Roi! dit Cadoudal.

L'homme dont les manches étaient ornées de deux galons se détacha du groupe et vint à Cadoudal.

—Vous m'avez appelé, général ? demanda le faux sergent.

— Oui, je veux savoir ton plan.

— Oh! général, il est bien simple.

— Voyons, j'en jugerai.

— Je passe ce papier dans la baguette de mon fusil...

Cœur-de-Roi montra une large enveloppe scellée d'un cachet rouge qui, sans doute, avait renfermé quelque ordre républicain surpris par les chouans.

— Je me présente aux factionnaires en disant : « Ordonnance du général de division ! » J'entre au premier poste, je demande qu'on m'indique la maison du citoyen commissaire, on me l'indique, je remercie : il faut toujours être poli ; j'arrive à la maison, j'y trouve un second factionnaire, je lui fais le même conte qu'au premier, je monte ou je descends chez le citoyen Millière, selon qu'il demeure au grenier ou à la cave, j'entre sans difficulté aucune ; vous comprenez : *Ordre du général de division!* je le trouve dans son cabinet ou ailleurs, je lui présente mon papier, et, tandis qu'il le décachette je le tue avec ce poignard caché dans ma manche.

— Oui ; mais toi et tes hommes ?

— Ah ! ma foi, à la garde de Dieu ! nous

défendons sa cause, c'est à lui de s'inquiéter de nous.

— Eh bien, vous le voyez, colonel, dit Cadoudal, ce n'est pas plus difficile que cela. A cheval, colonel! Bonne chance, Cœur-de-Roi !

— Lequel des deux chevaux dois-je prendre ? demanda Roland.

— Prenez au hasard : ils sont aussi bons l'un que l'autre, et chacun a dans ses fontes une excellente paire de pistolets de fabrique anglaise.

— Tout chargés ?

— Et bien chargés, colonel ; c'est une besogne pour laquelle je ne me fie à personne.

— Alors, à cheval.

Les deux jeunes gens se mirent en selle, et prirent la route qui conduisait à Vannes, Cadoudal servant de guide à Roland, et Branche-d'Or, le major-général de l'armée, comme l'avait appelé Georges, marchant une vingtaine de pas en arrière.

Arrivé à l'extrémité du village, Roland plongea son regard sur la route qui s'étend sur une ligne presque tirée au cordeau de Muzillac à la Trinité.

La route, entièrement découverte, paraissait parfaitement solitaire.

On fit ainsi une demi-lieue à peu près.

Au bout de cette demi-lieue :

—Mais où diable sont donc vos hommes? demanda Roland.

— A notre droite, à notre gauche, devant nous, derrière nous.

— Ah! la bonne plaisanterie! fit Roland.

— Ce n'est point une plaisanterie, colonel; croyez-vous que je sois assez imprudent pour me hasarder ainsi sans éclaireurs?

— Vous m'avez dit, je crois, que, si je désirais voir vos hommes, je n'avais qu'à vous le dire.

— Je vous l'ai dit.

— Eh bien, je désire les voir.

— En totalité, ou en partie?

— Combien avez-vous dit que vous en emmeniez avec vous?

— Trois cents.

— Eh bien, je désire en voir cent cinquante.

— Halte! fit Cadoudal.

Et, rapprochant ses deux mains de sa bouche, il fit entendre un houhoulement de chat-huant, suivi d'un cri de chouette; seulement, il jeta le houhoulement à droite, et le cri de chouette à gauche.

Presque instantanément, aux deux côtés de la route, on vit s'agiter des formes humaines, lesquelles, franchissant le fossé qui séparait le chemin du taillis, vinrent se ranger aux deux côtés des chevaux.

— Qui commande à droite? demanda Cadoudal.

— Moi, Moustache, répondit un paysan s'approchant.

— Qui commande à gauche? répéta le général.

— Moi, Chante-en-hiver, répondit un paysan s'approchant.

— Combien d'hommes avec toi, Moustache?

— Cent.

— Combien d'hommes avec toi, Chante-en-hiver?

— Cinquante.

— En tout cent cinquante, alors? demanda Georges.

— Oui, répondirent les deux chefs bretons.

— Est-ce votre compte, colonel? demanda Cadoudal en riant.

— Vous êtes un magicien, général.

— Eh! non, je suis un pauvre paysan

comme eux ; seulement, je commande une troupe où chaque cerveau se rend compte de ce qu'il fait, où chaque cœur bat pour les deux grands principes de ce monde : la religion et la royauté.

Puis, se retournant vers ses hommes :

— Qui commande l'avant-garde ? demanda Cadoudal.

— Fend-l'air, répondirent les deux chouans.

— Et l'arrière-garde ?

— La Giberne.

La seconde réponse fut faite avec le même ensemble que la première.

— Alors, nous pouvons continuer tranquillement notre route ?

— Ah ! général, comme si vous alliez à l'église de votre village.

— Continuons donc notre route, colonel, dit Cadoudal à Roland.

Puis, se retournant vers ses hommes :

— Égayez-vous, mes gars, leur dit-il.

Au même instant, chaque homme sauta le fossé, et disparut.

On entendit, pendant quelques secondes, le froissement des branches dans le taillis, et le bruit des pas dans les broussailles.

Puis on n'entendit plus rien.

— Eh bien, demanda Cadoudal, croyez-vous qu'avec de pareils hommes j'aie quelque chose à craindre de vos bleus, si braves qu'ils soient ?

Roland poussa un soupir ; il était parfaitement de l'avis de Cadoudal.

On continua de marcher.

A une lieue à peu près de la Trinité, on vit sur la route apparaître comme un point noir qui allait grossissant avec rapidité.

Devenu plus distinct, ce point sembla tout à coup rester fixe.

— Qu'est-ce que cela? demanda Roland.

— Vous le voyez bien, répondit Cadoudal, c'est un homme.

— Sans doute; mais, cet homme, qui est-il?

— Vous avez pu deviner, à la rapidité de sa course, que c'est un messager.

— Pourquoi s'arrête-t-il?

— Parce qu'il nous a aperçus de son côté, et qu'il ne sait s'il doit avancer ou reculer.

— Que va-t-il faire ?

— Il attend pour se décider.

— Quoi ?

— Un signal.

— Et, à ce signal, il répondra ?

— Non-seulement il répondra, mais il obéira. Voulez-vous qu'il avance? voulez-vous qu'il recule? voulez-vous qu'il se jette de côté?

— Je désire qu'il avance : c'est un moyen que nous sachions la nouvelle qu'il porte.

Cadoudal fit entendre le chant du coucou avec une telle perfection, que Roland regarda tout autour de lui.

— C'est moi, dit Cadoudal, ne cherchez pas.

— Alors, le messager va venir?

— Il ne va pas venir, il vient.

En effet, le messager avait repris sa course et s'avançait rapidement; en quelques secondes, il fut près de son général.

— Ah! dit celui-ci, c'est toi, Monte-à-l'Assaut!

Le général se pencha; Monte-à-l'Assaut lui dit quelques mots a l'oreille.

— J'étais dejà prévenu par Bénédicité, dit Georges.

Puis, se retournant vers Roland :

— Il va, dit-il, se passer dans un quart d'heure, au passage de la Trinité, une chose grave et que vous devez voir; au galop!

Et, donnant l'exemple, il mit son cheval au galop.

Roland le suivit.

En arrivant au village, on put distinguer de loin une multitude s'agitant sur la place, à la lueur de torches résineuses.

Les cris et les mouvements de cette multitude annonçaient en effet un grave évènement.

— Piquons, piquons! dit Cadoudal.

Roland ne demandait pas mieux : il mit les éperons au ventre de sa monture.

Au bruit du galop des chevaux, les paysans s'écartèrent ; ils étaient cinq ou six cents au moins, tous armés.

Cadoudal et Roland se trouvèrent dans le cercle de lumière, au milieu de l'agitation et des rumeurs.

Le tumulte se pressait surtout à l'entrée de la rue conduisant au village de Tridon.

Une diligence venait par cette rue, escortée de douze chouans : deux se tenaient à chaque côté du postillon, les dix autres gardaient les portières.

Au milieu de la place, la voiture s'arrêta.

Tout le monde était si préoccupé de la diligence, qu'à peine si l'on avait fait attention à Cadoudal.

— Holà! cria Georges, que se passe-t-il donc ici?

A cette voix bien connue, chacun se retourna, et les fronts se découvrirent.

— La grosse tête ronde! murmura chaque voix.

— Oui, dit Cadoudal.

Un homme s'approcha de Georges :

— N'étiez-vous pas prévenu, et par Bénédicité et par Monte-à-l'Assaut? demanda-t-il.

— Si fait; est-ce donc la diligence de Ploërmel à Vannes que vous ramenez là?

— Oui, mon général; elle a été arrêtée entre Tréfléon et Saint-Nolf.

— Est-il dedans?

— On le croit.

— Faites selon votre conscience : s'il y a crime vis-à-vis de Dieu. prenez-le sur vous; je ne me charge que de la responsabilité vis-à-vis des hommes; j'assisterai à ce qui va se passer, mais sans y prendre part, ni pour l'empêcher, ni pour y aider.

— Eh bien, demandèrent cent voix, qu'a-t il dit, Sabre-Tout?

— Il a dit que nous pouvions faire selon notre conscience, et qu'il s'en lavait les mains.

— Vive la grosse tête ronde! s'écrièrent

tous les assistants en se précipitant vers la diligence.

Cadoudal resta immobile au milieu de ce torrent.

Roland était debout près de lui, immobile comme lui, plein de curiosité ; car il ignorait complètement de qui et de quoi il était question.

Celui qui était venu parler à Cadoudal, et que ses compagnons avaient désigné sous le nom de Sabre-Tout, ouvrit la portière.

On vit alors les voyageurs se presser, tremblants, dans les profondeurs de la diligence.

— Si vous n'avez rien à vous reprocher contre le roi ou la religion, dit Sabre-Tout d'une voix pleine et sonore, descendez sans crainte; nous ne sommes pas des brigands, nous sommes des chrétiens et des royalistes.

Sans doute cette déclaration rassura les voyageurs, car un homme se présenta à la portière et descendit, puis deux femmes, puis une mère serrant son enfant entre ses bras, puis une jeune fille, puis un homme encore.

Les chouans les recevaient au bas du marchepied, les regardaient avec attention, puis, ne reconnaissant pas celui qu'ils cherchaient, disaient : « Passez ! »

Un seul homme resta dans la voiture.

Un chouan y introduisit la flamme d'une torche, et l'on vit que cet homme était un prêtre.

— Ministre du Seigneur, dit Sabre-Tout, pourquoi ne descends-tu pas avec les autres ? n'as-tu pas entendu que j'ai dit que nous étions des royalistes et des chrétiens ?

Le prêtre ne bougea pas ; seulement, ses dents claquèrent.

— Pourquoi cette terreur ? continua Sabre-Tout ; ton habit ne plaide-t-il pas pour toi !... L'homme qui porte une soutane ne peut avoir rien fait contre la royauté ni contre la religion.

Le prêtre se ramassa sur lui-même en murmurant :

— Grâce ! grâce !

— Pourquoi grâce ? demanda Sabre-Tout ; tu te sens donc coupable, misérable ?

— Oh! oh! fit Roland, messieurs les royalistes et chrétiens, voilà comme vous parlez aux hommes de Dieu!

— Cet homme, répondit Cadoudal, n'est pas l'homme de Dieu, mais l'homme du démon!

— Qui est-ce donc?

— C'est à la fois un athée et un régicide; il a voté la mort de son roi : c'est le conventionnel Audrein.

Roland frissonna.

— Que vont-ils lui faire? demanda-t-il.

— Il a donné la mort, il recevra la mort! répondit Cadoudal.

Pendant ce temps, les chouans avaient tiré Audrein de la diligence.

— Ah! c'est donc bien toi, évêque de Vannes! dit Sabre-Tout.

— Grâce! s'écria l'évêque.

— Nous étions prévenus de ton passage, et c'est toi que nous attendions.

— Grâce! répéta l'évêque pour la troisième fois.

— As-tu avec toi tes habits pontificaux?

— Oui, mes amis, je les ai.

— Eh bien, habille-toi en prélat; il y a longtemps que nous n'en avons vu.

On descendit de la diligence une malle au nom du prélat; on l'ouvrit, on en tira un costume complet d'évêque, et on le présenta à Audrein, qui le revêtit.

Puis, lorsque le costume fut entièrement revêtu, les paysans se rangèrent en cercle, chacun tenant son fusil à la main.

La lueur des torches se reflétait sur les canons, qui lançaient de sinistres éclairs.

Deux hommes prirent l'évêque et l'amenèrent dans ce cercle, en le soutenant par-dessous les bras.

Il était pâle comme un mort.

Il se fit un instant de lugubre silence.

Une voix le rompit : c'était celle de Sabre-Tout.

— Nous allons, dit le chouan, procéder à ton jugement; prêtre de Dieu, tu as trahi l'Église; enfant de la France, tu as condamné ton roi.

— Hélas! hélas! balbutia le prêtre.

— Est-ce vrai?

— Je ne le nie pas.

— Parce que c'est impossible à nier. Qu'as-tu à répondre pour ta justification?

— Citoyens...

— Nous ne sommes pas des citoyens, dit Sabre-Tout d'une voix de tonnerre, nous sommes des royalistes.

— Messieurs...

— Nous ne sommes pas des messieurs, nous sommes des chouans.

— Mes amis...

—Nous ne sommes pas tes amis, nous

sommes tes juges; tes juges t'interrogent, réponds.

— Je me repens de ce que j'ai fait, et j'en demande pardon à Dieu et aux hommes.

— Les hommes ne peuvent te pardonner, répondit la même voix implacable, car, pardonné aujourd'hui, tu recommencerais demain; tu peux changer de peau, jamais de cœur. Tu n'as plus que la mort à attendre des hommes; quant à Dieu, implore sa miséricorde.

Le régicide courba la tête, le renégat fléchit le genou.

Mais, tout à coup, se redressant :

— J'ai voté la mort du roi, dit-il, c'est vrai, mais avec la réserve...

— Quelle réserve?

— La réserve du temps où l'exécution devait avoir lieu.

— Proche ou éloignée, c'était toujours la mort que tu votais, et le roi était innocent.

— C'est vrai, c'est vrai, dit le prêtre, mais j'avais peur.

— Alors, tu es non-seulement un régicide, non-seulement un apostat, mais encore un lâche! Nous ne sommes pas des prêtres, nous; mais nous serons plus justes que toi : tu as voté la mort d'un innocent, nous votons la mort d'un coupable. Tu as dix minutes pour te préparer à paraître devant Dieu.

L'évêque jeta un cri d'épouvante et tomba sur ses deux genoux ; les cloches de l'église sonnèrent comme si elles s'ébranlaient toutes seules, et deux de ces hommes, habitués aux chants d'église, commencèrent à répéter les prières des agonisants.

L'évêque fut quelque temps sans trouver les paroles par lesquelles il devait y répondre.

Il tournait sur ses juges des regards effarés qui allaient suppliants des uns aux autres ; mais sur aucun visage il n'eut la consolation de rencontrer la douce expression de la pitié.

Les torches qui tremblaient au vent

donnaient, au contraire, à tous ces visages une expression sauvage et terrible.

Alors, il se décida à mêler sa voix aux voix qui priaient pour lui.

Les juges laissèrent s'épuiser jusqu'au dernier mot la prière funèbre.

Pendant ce temps, des hommes préparaient un bûcher.

— Oh! s'écria le prêtre, qui voyait ces apprêts avec une terreur croissante, auriez-vous la cruauté de me réserver une pareille mort?

— Non, répondit l'inflexible accusateur, le feu est la mort des martyrs, et tu n'es pas digne d'une pareille mort. Allons, apostat, l'heure est venue..

— Oh ! mon Dieu, mon Dieu ! s'écria le prêtre en levant les bras au ciel.

— Debout! dit le chouan.

L'évêque essaya d'obéir, mais les forces lui manquèrent et il retomba sur ses genoux.

— Allez-vous donc laisser s'accomplir cet assassinat sous vos yeux? demanda Roland à Cadoudal.

— J'ai dit que je m'en lavais les mains, répondit celui-ci.

— C'est le mot de Pilate, et les mains de Pilate sont restées rouges du sang de Jésus-Christ.

— Parce que Jésus-Christ était un juste;

mais cet homme, ce n'est pas un Jésus-Christ, c'est Barabas.

— Baise ta croix, baise ta croix! cria Sabre-tout.

Le prélat le regarda d'un air effaré, mais sans obéir ; il était évident qu'il ne voyait déjà plus, qu'il n'entendait déjà plus.

— Oh! s'écria Roland en faisant un mouvement pour descendre de cheval, il ne sera pas dit que l'on aura assassiné un homme devant moi et que je ne lui aurai pas porté secours.

Un murmure de menaces gronda tout autour de Roland ; les paroles qu'il venait de prononcer avaient été entendues.

C'était juste ce qu'il fallait pour exciter l'impétueux jeune homme.

— Ah! c'est ainsi? dit-il.

Et il porta la main droite à une de ses fontes.

Mais d'un mouvement rapide comme la pensée, Cadoudal lui saisit la main, et, tandis que Roland essayait vainement de la dégager de l'étreinte de fer :

— Feu! dit Cadoudal.

Vingt coups de fusil retentirent à la fois, et, pareil à une masse inerte, l'évêque tomba foudroyé.

— Ah! s'écria Roland que venez-vous de faire?

— Je vous ai forcé de tenir votre serment, répondit Cadoudal; vous aviez juré de tout voir et de tout entendre sans vous opposer à rien...

— Ainsi périra tout ennemi de Dieu et du roi, dit Sabre-Tout d'une voix solennelle.

— *Amen !* répondirent tous les assistants d'une seule voix avec un sinistre ensemble.

Puis ils dépouillèrent le cadavre de ses ornements sacerdotaux, qu'ils jetèrent dans la flamme du bûcher, firent remonter les autres voyageurs dans la diligence, remirent le postillon en selle, et, s'ouvrant pour les laisser passer :

— Allez avec Dieu ! dirent-ils.

La diligence s'éloigna rapidement.

— Allons, allons, en route! dit Cadoudal ; nous avons encore quatre lieues à faire, et nous avons perdu une heure ici.

Puis s'adressant aux exécuteurs :

— Cet homme était coupable, cet homme a été puni ; la justice humaine et la justice divine sont satisfaites. Que les prières des morts soient dites sur son cadavre, et qu'il ait une sépulture chrétienne ; vous entendez ?

Et, sûr d'être obéi, Cadoudal mit son cheval au galop.

Roland sembla hésiter un instant s'il le suivrait, puis comme s'il se décidait à accomplir un devoir :

— Allons jusqu'au bout, dit-il.

Et, lançant à son tour son cheval dans la direction qu'avait prise Cadoudal, il le rejoignit en quelques élans.

Tous deux disparurent bientôt dans l'obscurité, qui allait s'épaississant au fur et à mesure que l'on s'éloignait de la place où les torches éclairaient le prélat mort, où le feu dévorait ses vêtements.

FIN DU QUATRIÈME VOLUME.

TABLE DES CHAPITRES.

QUATRIÈME PARTIE.

	Pages
Chap. I. Une communication importante	3
— II. Le bal des victimes	59
— III. La peau des ours	105
— IV. En famille	127
— V. La diligence de Genève	155
— VI. Le rapport du citoyen Fouché	203
— VII. Le fils du meunier de Kerléano	231
— VIII. Blanc et bleu	257
— IX. La peine du talion	275

FIN DE LA TABLE.

Fontainebleau. — Imp. de E. Jacquin.

Spectre (le) **de Châtillon**, par Élie Berthet. . .	5 vol.
Un Zouave, par Charles Deslys.	5 vol.
Lord (le) **de l'Amirauté**, par Adrien Robert . .	3 vol.
Un Portier qui se dérange, par Marc Leprevost.	3 vol.
Nanette (la), par Prosper Vialon.	3 vol.
Comte (le) **de Vermandois**, par le bibliophile Jacob	7 vol.
Georgine, par madame Ancelot.	2 vol.
Une Anglaise sur le continent, par Prosper Vialon.	4 vol.
Histoire de ma vie, par George Sand.	20 vol.
Comtesse (la) **de Bossut**, par la comtesse Dash .	3 vol.
Un Monde inconnu, par Paul Duplessis. . . .	2 vol.
Pénélope (la) **normande**, par Alphonse Karr. . .	2 vol.
Perle (la) **du Palais-Royal**, par X. de Montépin.	5 vol.
Une Passion diabolique, par Maximilien Perrin.	2 vol.
Sophie Printemps, par Alexandre Dumas fils . .	2 vol.
Princesse (la) **Palatine**, par la comtesse Dash . .	3 vol.
Capitaine (le) **Bravaduria**, par Paul Duplessis.	2 vol.
Famille (la) **Jouffroy**, par Eugène Sue	7 vol.
Corps (le) **franc des Rifles**, par Mayne-Reid.. .	4 vol.
L'Ensorcelée, par Barbey d'Aurevilly.	2 vol.
Hommes (les) **des Bois**, par le marquis de Foudras	2 vol.
Blanche fleur, par Paul Féval	2 vol.
Deux routes de la vie, par G. de la Landelle . .	4 vol.
Belle Aurore (la), par la comtesse Dash.	6 vol.
L'Idiot, par Xavier de Montépin.	5 vol.
Coureur (le) **des Bois**, par Gabriel Ferry . . .	7 vol.

Fontainebleau. — Imp. de E. JACQUIN.

www.ingramcontent.com/pod-product-compliance
Lightning Source LLC
Chambersburg PA
CBHW050803170426
43202CB00013B/2539